MARC

INDIEN

Reiseführer mit Insider-Tips

Sechs Symbole sollen Ihnen die Orientierung in diesem Führer erleichtern:

★

für Marco-Polo-Tips – die besten in jeder Kategorie

für alle Objekte, bei denen Sie auch eine schöne Aussicht haben

für Plätze, wo Sie bestimmt viele Einheimische treffen

für Treffpunkte für junge Leute

(A 1)
Koordinaten für die Übersichtskarte

Die Marco-Polo-Route verbindet die schönsten Punkte von Indien zu einer Idealtour

Diesen Führer schrieb Michael Schwelien. Er ist Reporter der Wochenzeitung »Die Zeit« für Auslandsthemen und hat sich mehrere Male in Indien aufgehalten.
Die Marco-Polo-Reihe wird herausgegeben von Ferdinand Ranft.

MAIRS GEOGRAPHISCHER VERLAG

MARCO POLO

Für Ihre nächste Reise gibt es folgende Titel dieser Reihe:

Ägypten
Algarve
Amsterdam
Andalusien
Antarktis
Athen
Australien
Baltikum
Bangkok
Barcelona
Bayerischer Wald
Berlin
Bodensee
Böhmen/Mähren/ Slowakei
Brasilien/Rio
Bretagne
Brüssel
Budapest
Capri
China
Costa Brava
Côte d'Azur
Dänemark
Deutschland · Ost
Dresden
Elsaß
England
Euro Disney
Feuerland/ Patagonien
Flandern
Florenz
Florida
Frankfurt
Frankreich
Frz. Atlantikküste
Fuerteventura
Gardasee
Gran Canaria
Griechenland
Gr. Inseln/Ägäis
Hamburg
Harz
Hawaii
Holland
Hongkong
Ibiza/Formentera
Indien
Ionische Inseln
Irland
Ischia
Island
Israel
Istanbul
Italien
Ital. Adria
Ital. Riviera
Japan
Jerusalem
Jugoslaw. Küste
Kalifornien
Kanada
Karibik:
Gr. Antillen
Kl. Antillen
Kenia
Köln
Korsika
Kreta
Lanzarote
Lissabon
Loire-Tal
London
Madrid
Mallorca
Malta
Marokko
Mecklenburger Seenplatte
Mexiko
Moskau
München
Nepal
Neuseeland
New York
Norwegen
Oberbayern
Österreich
Ostseeküste:
Schlesw.-Holst.
Mecklbg.-Vorp.
Paris
Peking
Polen
Portugal
Potsdam
Prag
Provence
Rhodos
Rom
Rußland
San Francisco
Sardinien
Schottland
Schwarzwald
Schweden
Schweiz
Sizilien
Spanien
St. Petersburg
Südafrika
Südtirol
Sylt
Taiwan
Teneriffa
Tessin
Thailand
Tirol
Tokio
Toskana
Tunesien
Türkei
Türk. Mittelmeerküste
Ungarn
USA
USA: Neuengland
Venedig
Weimar
Wien
Zypern

Die Marco-Polo-Redaktion freut sich, wenn Sie ihr schreiben:
Marco-Polo-Redaktion, Mairs Geographischer Verlag
Postfach 3151, D-7302 Ostfildern 4

Titelbild: Taj Mahal, Agra (Image Bank/Champlong)
Fotos: Lade: BAV (54, 56); BIM (102); Binder (95, 142); Keres (68); Matthes (24); Scharf (9); Mauritius: Cassio (33, 34, 104, 122); Ehrhardt (80); fm (125, 132); Friedmann (87); Gierth (126); Glöckner (13); Kirchner (128); Kugler (30); Reisel (131); Vidler (38); Müller (4, 20, 41, 58, 71); Reichelt (89); Schapowalow: Heaton (Umschlagklappe vorn, 51); Schuster: Amsel (27); Davis (16); Fiore (18); Harding (7); Kasch (23); Krammig (84); Kummels (64); Reisel (74); RF (114); Roth (98, 108); Storto (113); Timmermann: Schell (37, 138); Streichan (78)

Gestaltung: Thienhaus/Wippermann (Büro Hamburg)
Kartographie: Mairs Geographischer Verlag, Maps International

Printed in Germany
Gedruckt auf 100% chlorfreiem Papier

INHALT

सिद्ध पीठ श्री

Entdecken Sie Indien!

Der Subkontinent ist das gänzlich Andere, das völlig Unerwartete

Atcha, sagt ein Mann zu Ihnen, atchatcha. Dabei wackelt er mit dem Kopf bedenklich hin und her, fast, als würde er ihn von den Schultern rollen wollen. Die Hände hält er mit leicht angewinkelten Armen nach oben. Eine aber führt er, wenn sie nicht bereits dort ist, zum Gesicht, um sich mit dem kleinen Finger seelenruhig in der Nase zu bohren. Vielleicht haben Sie ihn nach der Abfahrtszeit eines Zuges gefragt, nach einem Hotel oder nach dem Weg zu einem weltberühmten Bauwerk.

Atcha – am nähesten kommt ihm das amerikanische Okay. Es kann aber auch *schön* heißen. Oder *gut*. Oder *schön* und *gut*. Oder gar keine richtige Bedeutung haben. Atcha eben.

Denn Inder sind im Normalfall überaus höflich, besonders zu Fremden. Und sie sind ein wenig eitel. Vermutlich werden Sie den Herrn auf Englisch angesprochen haben. Und darin liegt schon die Erklärung für das undefinierbare Atcha. Er hat Sie nicht verstanden, mag aber nicht zugeben, des Englischen nicht mächtig zu sein. Gleichwohl will er zeigen, daß er Ihren Worten auf jeden Fall Interesse und Aufmerksamkeit schenkt. Also: Atchatcha.

Im Wasser des heiligen Geistes zu baden – das ist das Ziel der Pilger nach Varanasi

Nirgendwo sonst sind die schlichten Worte, dieses Land ist anders, sosehr angebracht wie in Indien. Das gilt nicht nur für Gestikulation und Verhaltensweisen. Das gilt auch für Sitten und Gebräuche, für Religion und Kultur, für Festlichkeiten und Alltagsleben. Indien hat seinen eigenen Geruch. Es ergab sich einmal, daß eine Geschäftsfrau, die Textilien in verschiedene Länder der Welt exportiert, von ihren japanischen Partnern gerügt wurde. Aber was hatten diese an der Sendung auszusetzen? Das Material war fehlerfrei, die Verarbeitung perfekt. Es roch so. Wie? »So indisch.« Die allgegenwärtige Mischung aus Räucherstäbchen, schweren Blütendüften, Exotika aller Art, aber wohl auch aus Reinigungsmitteln, die es in dieser Zusammensetzung nur in Indien gibt, hatte die weite Überseereise in Plastik verpackt gut überstanden.

Es bedarf keiner langen Spekulation, um herauszufinden, weshalb Indien sich so viel stärker unterscheidet, als die meisten anderen Länder der Welt voneinander. Nordamerika, Südamerika, Australien – dort überwiegen die Einflüsse der Europäer, die diese Erdteile besiedelten. Fernost, die Staaten im Südosten Asiens und sogar Afrika – überall ist die westliche Lebensart, trotz äußerer Unterschiede, bis in das kleinste Dorf vorgedrungen. Die asiatische Landmasse – sie ist, mit Ausnahme Chinas, von Rußland dominiert, und Rußland blieb europäisch und christlich.

Indien aber war trotz britischer Kolonialherrschaft abgeschottet. Viel zu groß ist der Subkontinent, als daß er vom Empire wirklich hätte durchdrungen werden können. Und Subkontinent – dies ist in der Tat eine allzu willkürliche Einteilung. Im Norden vom unpassierbaren Himalaya begrenzt, im Westen der spitz auslaufenden Landmasse das Arabische Meer, im Süden und Osten der Indische Ozean – was könnten schwerer zu überwindende Grenzen sein? Innerhalb dieser lebt eines der einwohnerreichsten Völker der Erde. Und dieses wiederum ist eines der ärmsten der Welt geblieben. Was überall anderswo für Angleichung sorgt, was trotz unterschiedlicher Geschichte, Religion und Bauweise doch überall wie ein großer Gleichmacher wirkt, die Warenwelt nämlich mit ihren Autos, ihren Uhren und T-Shirts, die Rio genauso wie Singapur prägt, diese Warenwelt hat Indien noch nicht erobert oder sie ist zumindest eine andere, eine autarke. Müll in einer indischen Kleinstadt, gar auf dem Dorf, so etwas existiert nicht. Es gibt nichts, was nicht irgendwie wiederverwendet wird. Und wer in einem Laden etwas einkauft, wird vergeblich in der gewohnten Haltung abwarten, daß es verpackt wird. Da gibt es keine Tüten, kein Papier zum Einwickeln. Wären sie vorhanden, dann bliebe ihre Bedeutung fremd.

Indien ist das gänzlich Andere, das völlig Unerwartete. Die wichtigste Glaubensrichtung, der Hinduismus, ist streng genommen keine Religion. Ihm fehlen Regelwerke, wie sie sich etwa aus der Bibel oder dem Koran ergeben. Eher stellt der Hinduismus eine philosophische Denkensweise, eine Lebensart dar, als ein festgelegtes Glaubensbekenntnis. Und überdies: Wo sonst können Kühe heilig sein, während Menschen verhungern? Wo wiederum geht der Respekt der Lebewesen so weit, daß vegetarisches Essen als einzig denkbare Ernährungsweise erscheint? Wo bitte sonst noch weigern sich Menschen gar Kleidung zu tragen, aus Angst sie könnten andere Kreaturen damit verletzen? Wo hockt der Friseur mit nichts anderem in der Hand als der Schere, dem notwendigen Zeichen dieses einen der fünf anerkannten Handwerksstände, auf der Straße und wartet auf Kundschaft?

Andererseits die Kontraste: Indien ist keineswegs nur ein pittoreskes, wiewohl isoliertes und deshalb rückständiges Land. Bombays Börse an der *Dalal*

Als Tor für King Georg V. gebaut: Gateway of India in Bombay

Street wird ebenso regelmäßig von den Skandalen der Insidergeschäfte erschüttert wie jene von Frankfurt oder New York. Überhaupt steht der »Gateway of India«, der Triumphbogen aus Anlaß der Krönung von King Georg V. im Jahre 1911 erbaut, auf einer Halbinsel, für welche die volkstümliche Bezeichnung »Indiens Manhattan« nicht allzu anmaßend ist. Im Herzen Bombays, auf das man gewissermaßen durch den Gateway blickt, streben die Wolkenkratzer genauso in die Höhe, wie die Mieten astronomisch sind. Und wie das richtige Manhattan ist auch dieses umgeben von Slums, die zu betreten Wagemut fordert. Indes ist Bombay nur das Geschäftszentrum eines Landes, das Strom in Atomkraftwerken erzeugt, das ein Raumfahrtzentrum in Trivandrum unterhält, das bereits 1975 den ersten eigenen Satelliten in eine Umlaufbahn brachte und im Rahmen des sowjetischen Sojus-Programms einen Astronauten ins All schoß. Dieser wiederum, Rakesh Sharma, vergaß seine Herkunft nicht. Gegen die Auswirkungen der Schwerelosigkeit kam er mit Yoga-Übungen an. Was könnte indischer sein?

Indien auf einen Blick? Das ist unmöglich, das wäre Blasphemie. Zu unterschiedlich sind die Volksgruppen, zu eigenständig die Kulturen, zu facettenreich die Eindrücke. Aber die Inder auf einen Blick, dafür besteht einmal im Jahr die Gelegenheit. Stets am *26. Januar*, dem *Tag der Republik*, strömt so etwas wie ein repräsentativer Ausschnitt dieser wahrhaften Multikultur auf den Rasen des Raj Path in der Hauptstadt Neu Delhi. Der Präsident des Landes kommt in der Pferdekutsche aus kolonialen Zeiten, ein bewußt symbolischer Akt, der denen vom britischen Königshof in nichts nachsteht. Der Premierminister indes fährt im kugelsicheren Ambassador vor, auch dies bedeutungsschwer, denn diese Limousine aus indischem Eigenbau steht für das vom ersten Premier, Jawaharlal Nehru gewollte Industrieprogramm zur Überwindung des Hungers. Im Tiefflug donnern Kampfjets über die Fläche zwischen dem Präsidentenpalast Rashtrapati Bhavan und dem an die 70 000 Gefallenen des Ersten Weltkrieges erinnernden India Gate, Jets, die vergegenwärtigen, daß Indien als regionale Macht mit den Muskeln spielt und die zugleich an etliche militärische Korruptionsaffären gemahnen. Zwischen den Soldatenbataillonen tanzen Folkloregruppen. Umzugswagen präsentieren die althergebrachten Künste. Fahnen wehen. Die Laternenpfosten sind englisch exakt neu gestrichen. Und schon seit dem Vorabend haben sich die Massen aus allen Völkern und Kasten an den Rändern der Paradestraße versammelt. Brahmanen und Sudras, Tamilen und Sikhs, Hindus und Parsen – hier zelebrieren sie gemeinsam das Einigende: den Staat, der an diesem Tag im Jahre 1950 ausgerufen wurde und der sich in den dreißig Jahren davor nach dem historisch einzigartigen Prinzip der Gewaltlosigkeit von Mahatma Gandhi aus dem Joch des Kolonialismus beharrlich befreit hatte.

Aber was für ein Staat! 17 offizielle Sprachen, 541 Dialekte; 3200 Kilometer von Nord nach Süd, 3000 von Ost nach West; sieben große Religionen und unzählige Sekten, aber eine aufs Säkulare verpflichtete Regierung; mehr als 850 Millionen Einwohner und damit an zweiter Stelle nach China, eine Bevölkerungsdichte, die statistisch schon weit über der des eng besiedelten Deutschlands liegt, die aber unabhängig von den Zahlen noch brisanter ist, da sich in den Städten, den Agrargebieten und den fruchtbaren Schwemmlandebenen die meisten Menschen zusammendrängen, während die Hochgebirge, Wüsten und Urwälder kaum besiedelt sind.

Jenseits der Zahlen von 258 Einwohner pro Quadratkilometer und von über 2000 pro Quadratkilometer in den Ballungszentren steht das Erlebnis: Busse und Bahnen, an denen Menschenknäuel hängen, Märkte, zu deren Ständen man sich kaum durchdrängen kann, religiöse Zeremonien, deren Teilnehmer eine regelrechte Flut bilden – für einen Fremden kann das bisweilen unfaßbar sein. Und Massen kennen keine Höflichkeit. Wer einmal in einen solchen Strom gerät, hat keine andere Wahl, außer sich treiben zu lassen und langsam zu versuchen, ein Ufer zu erreichen. Aber es ist ein farbenprächtiger Strom. Die Unterschiede offenbaren sich beim näheren Hinsehen. Und der einzelne erweist sich dann wieder als freundlich, gefühlvoll und nicht selten im höchsten Grade neugierig.

Nordinder geben sich wegen ihrer arischen Herkunft stolz. Nicht erschrecken, das Hakenkreuz, das vielfach wie selbstverständlich als Schmuckmuster verwendet wird, ist tatsächlich die *Swastika.* Swastika ist das Sanskritwort für Sonnenzeichen. Als solches sahen es zwar die Nationalsozialisten an, aber für den normalen Inder steht es für das

Himmelsgestirn und nicht für das Zeichen des deutschen Faschismus.

Die Arier Indiens, besonders jene aus den Staaten Jammu, Kaschmir, Punjab und Haryana, sind groß, hellhäutig und zupakkend. Aus dem Punjab zu kommen etwa – das heißt so viel wie fleißig, solide, etwas besser dran und – durchaus in einem westlich-industriellen Sinn – aggressiv zu sein. Indiens »Grüne Revolution«, eine gewaltige Steigerung der landwirtschaftlichen Produktion, fand vor allem im Punjab statt.

Die Tamilen des Südens, Nachkommen der Drawiden, gelten als sanfter, von milderem Temperament. Sie sind klein, dunkelhäutig und kunstsinnig. In Indien sagt man, sie hätten Musik im Blut. Auf dem Subkontinent verhält es sich nicht viel anders als mit den halb klischeehaften, halb ernsten Vorstellungen der restlichen Welt, daß eben im kühleren Norden mehr gearbeitet, im warmen Süden mehr das Leben genossen wird.

Zwischen den Ariern und den Drawiden gibt es noch viele andere Rassen – arabische, europide, mongolische und persische – sowie alle Arten von Mischrassen. Den ältesten aller Bevölkerungsstämme, den der Adivasi, buchstäblich: der ersten Siedler, bekommt kaum ein Fremder zu Gesicht. Sie leben zurückgezogen in den Dschungeln und Hochgebirgen.

Unübersehbar und für viele noch schockierender als die Menschenmasse bleibt Indiens Armut. Darauf muß man sich gefaßt machen: unterernährte Kinder mit aufgetriebenen Bäuchen; verendende Hunde und

Hier regnet der Monsun selten: Wüste Thar in Rajasthan

Katzen; Kühe, die wahre Skelette sind; die Hand eines verkrüppelten Bettlers, die sich in das im Stau steckende Taxi windet. Eine voller Mitgefühl gegebene Spende von ein paar Rupies kann nacktes Entsetzen zur Folge haben – für den Spender. Denn ganze Trauben von Kindern werden ihn nun in der Hoffnung auf weitere Geschenke umringen. Wie dieses wirklich dramatische Problem lösen? Der einzelne kann es nicht. Jeder muß seinen eigenen Weg finden, sich abzuschotten ohne darüber zu vergessen, daß niemand aus Vergnügen betteln geht.

Wahrlich beschämend kann für den Fremden die andere Seite sein: selbst die Ärmsten der Armen sind gastfreundschaftlich. Auf einem Gang durch einen Slum oder in einem Dorf muß er damit rechnen, von einem freundlichen Menschen am Ärmel gezupft und von ihm nach Hause eingeladen zu werden. Der Gastgeber will vielleicht nur ein wenig auf englisch plaudern, vielleicht etwas von der Welt erfahren, die er nicht kennt. Auf jeden Fall aber wird er Essen und Trinken anbieten, auch wenn es das letzte ist, was er besitzt.

Gastfreundschaft ist eng mit Religion verwandt und die meisten Inder sind tief gläubig. Die Mehrheit praktiziert den Hinduismus, huldigt einer Vielzahl von Göttern. Brahma ist ihr Schöpfergott, der im Auftrage Shivas und Vishnus die Welt schuf. Er wird mit vier Köpfen dargestellt. Ihn begleitet ein Schwan. Seine Frau ist die Sarasvati, Göttin von Kunst und Wissenschaft, mit vier Armen und von einem Pfau begleitet.

Erhalter der Welt ist Vishnu, auch mit vier Armen, aber mit dem Göttervogel Garuda an der Seite. Zerstörer der Welt ist Shiva. Aber er kommt vielgestaltig daher, denn er gilt als Yogi, als Tänzer und auch als Lebensspender. Er wird von dem Bullen Nandi begleitet, hat ebenfalls vier Arme, häufig aber auch noch ein drittes Auge und eine Mondsichel im Haar.

Wichtige Gottheiten sind zudem der elefantenköpfige Ganesha für Weisheit und Lernen, der gleich sechsköpfige Skanda für den Krieg; der schöne Kama der Liebe und der schreckliche, auf einem Büffel reitende Yama des Totenreichs.

Jeder Hindu hat sein Karma, die Summe aller Taten und Handlungen, die er im Leben vollbringt. Sie werden im nächsten Leben vergolten. Der Tod löst zwar den physischen Menschen auf, nicht aber dessen Seele, die nach der Samsara, der Seelenwanderung, im Körper eines neuen Wesen für Gutes wie Schlechtes im vorigen Leben gewichtet wird, je nach Vorleben in eine höhere Kaste auf- oder eine niedere absteigt. Das Ziel der Hindi ist jedoch, sich aus den Wiedergeburten zu befreien und erlöst vom physischen in die Moksha einzugehen.

Der Buddhismus entstand im 6. Jh. v. Chr. teils als Aufbegehren gegen die Macht der hinduistischen Brahmanen und das starre Kastengefüge. Für Buddhisten ist das Leben ein Leiden, begründet im Wunschdenken der Menschen. Das Leiden kann nur durch die Überwindung aller Triebe beendet werden. Dies erreicht ein Buddhist durch das Beschreiten des »heiligen achtfachen Pfades«: rechte Anschauung, rechter Entschluß, rechtes Wort, rechte Tat, rechtes Leben, rechtes Streben, rechte Gedanken und rechtes Sichversenken in Meditation.

Indien hat nach den Ländern des Nahen Ostens eine der größten Moslembevölkerungen. Die Burqua, ein den ganzen Körper bedeckendes, nur Schlitze für die Augen freilassendes Gewand ist keine Seltenheit für muslimische Frauen.

Aus ganz anderen Gründen bedecken orthodoxe Jains Mund und Nase mit einer Maske. Sie glauben, eine Abwehr aller irdischen Versuchungen erlöse aus der Abfolge der Wiedergeburten. Als absolute Vegetarier und Verfechter der Gewaltlosigkeit versuchen sie mit der Maske zu verhindern, auch nur Insekten oder gar Keime einzuatmen.

Die jünste der großen Religionen ist die der Sikhs, eine Mischung aus Islam und Hinduismus. Ihr großer Guru, Gobind Singh, machte aus den Sikhs im 17. Jh. eine militante Bruderschaft der »Reinen«. Die gläubigen Schüler, das bedeutet Sikh, unterscheiden sich von Ungläubigen, indem sie die fünf »K's« tragen: Kirpan (Dolch), Kangi (Kamm), Kada (Eisenarmband), Kacha (Unterhose) und Kesh (ungeschnittenes Haupthaar).

Aus Persien waren die Anhänger Zarathustras, die Parsen, im 6. Jh. geflohen. Sie verehren ihren Gott Ahura Mazda im Symbol des Feuers und halten auch die Erde und das Wasser für heilig. Um die Elemente nicht zu verunreinigen, praktizieren sie den einzigartigen Kult, ihre Toten in Sterbebrunnen den Geiern zum Fraß auszusetzen.

Und seit der Apostel Thomas im 1. Jh. auf dem Subkontinent zu bekehren begann, fehlt es auch an einer großen Zahl von Christen nicht, von denen die berühmteste die katholische Nobelpreisträgerin Mutter Teresa in Calcutta ist.

Und obwohl die Regierung weltlich sein sollte und Indien sich zunehmend säkularisierte, prägen religiöse Bauten jede Stadt und jedes Dorf. Mitunter finden sich in ein und dem selben Komplex ein hindischer Tempel, eine moslemische Moschee, eine katholische Kirche und – eher im Süden – sogar eine jüdische Synagoge. Nicht alle sind solch großartige, den Atem verschlagende Strukturen wie die Jama Masjid, die Freitagsmoschee in Delhi, der Sri Minakshi, der Tempels der vom Gott Shiva geehelichten Königstochter in

Die Marco-Polo-Bitte

Marco Polo war der erste Weltreisende. Er reiste in friedlicher Absicht, verband Ost und West. Er wollte die Welt entdecken, fremde Kulturen kennenlernen, nicht zerstören. Könnte er für uns Reisende des 20. Jahrhunderts nicht Vorbild sein? Aufgeschlossen und friedlich sollte unsere Haltung in anderen Ländern sein. Dazu gehören auch Respekt vor Mensch und Tier und die Bewahrung der Umwelt.

WWF

Mandurai, Se Cathedral, die portugiesische Kathedrale in Goa oder der Darbar Sahib, der Goldene Tempel der Sikhs in Amritsar. Aber alle sind Zeugnisse lebendigen Glaubens, häufig von einer Unmittelbarkeit, die kindlich naiv erscheinen kann.

Ebenso prägend sind indes auch die Zeugnisse weltlichen Reichtums und kriegerischer Macht. Alle hinterließen ihre Spuren. Von den im 13. Jh. eingefallenen Türken stammt das Qutb Minar in Delhi, ein fast 73 m hohes Minarett, das zugleich als Siegesturm protzt. Die Moghul-Zeit, mit ihren moslemischen Kaisern, brachte das sagenhafteste und schönste aller Mausoleen hervor, die Taj Mahal in Agra, aber auch eine der bedeutendsten Militäranlagen, das Rote Fort in Delhi.

Britische Kolonialbauten aus den fast zwei Jahrhunderten Indiens als größte Kolonie des Buckingham Palace vermischen Elemente der Moghul-Architektur mit den neogotischen und klassizistischen Vorlieben des viktorianischen Londons. Das Victoria Memorial in Calcutta, die Regierungsgebäude in Delhi und die Victoria Station in Bombay – schon die Namen, erst recht die Fassaden zeigen, welches Weltreich Pate stand.

Den drastischsten Kontrast zur allgegenwärtigen Armut bilden nicht antike Stätten oder Staatsgebäude, sondern die privaten Paläste der Maharajas. Damit seine Hofdamen ungesehen das Treiben auf der Straße beobachten konnten, ließ Fürst Sawai Jai Singh II. in Jaipur den Hawa Mahai, den Palast der Winde, erbauen, eine 5stöckige Fassade ohne weiteren Zweck. In der mittelalterlich wirkenden Kleinstadt Jaisalmer prunken die gelben Sandsteinpaläste, die Haveli, der reichen Kaufleute voller Steinmetzornamente und Gitterwerke. Sie lebten – und leben – herrlich, obwohl sie früher wie heute über die Last der Steuern beredte Klage führen.

Elefanten als Lastenträger auf den Dorfstraßen, eine alles lähmende *Rush-hour* in den Großstädten; die höchsten Gipfel der Welt und die einsamsten Strände; Mercedese neben Ochsenkarren; Tiger zwischen den Ruinen eines Shiva-Tempels aus dem 9. Jh; Eisenbahnen mit der Gemütlichkeit und dem Luxus vergangener Epochen und Busse, in denen man sich den Sitz nicht nur mit einem Bauern, sondern auch dessen Korb voller Hühner teilen muß; Teeplantagen und Wüsten – man kann sich in der Phantasie ausmalen, irgend etwas zu sehen, was man noch nie sah, und wird es dennoch finden.

Aber immer wieder faßt man sich an den Kopf mit der Frage: War das, was ich gerade sah oder hörte die Wirklichkeit? Habe ich geträumt? Denn ständig scheint sich alles zu ändern. Niemand kennt die indische Seele besser als der Schriftsteller V. S. Naipul. Er ist selber der Nachkomme eines indischen Kontraktarbeiters auf der Karibikinsel Trinidad. Immer wieder bereiste Naipul das Land seiner Vorfahren. 1989 fuhr er kreuz und quer durch den ganzen Subkontinent, sprach mit Brahmanen, Hindus, Moslems und Sikhs, interviewte Politiker, Wissenschaftler, Geschäftsleute, Rei-

Wo der Ganges entspringt: der dreifache Gipfel des Bhagirathi

che und Arme, Unberührbare, Gauner und Terroristen. Aus den Gesprächen und Erlebnissen entstanden Charakterporträts, die Naipul zu dem Reisebericht »Indien – Ein Land im Aufruhr« verdichtete. Kaum ein Roman könnte spannender sein.

Aber Naipul kommt zu keinem Fazit. Er läßt die Charakterskizzen nebeneinanderstehen. Denn indische Vexierbilder: stets scheint hinter der ersten Wahrnehmung sich noch eine zweite anzuschleichen. Das gilt nicht nur für die Menschen, das gilt auch für die Natur.

Und für jene Gottheiten, die in fast kindlich-naiven Figuren dargestellt und bunt angemalt in den Tempeln stehen. Priester waschen sie und füttern sie, als lebten sie wirklich. Nur Humbug? Läßt man sich in das Meditative versinken, dann kann man sich dabei ertappen, zu glauben, sie seien tatsächlich beseelt.

Oder Politik: Es war noch nicht ganz 8 Uhr am Morgen des 15. August 1992, als sich der neue, damals bereits 71 Jahre alte Premier Minister P. V. Narashima Rao, hinter kugelsicheren Scheiben an das zum Unabhängigkeitstag aufmarschierte Volk wandte. Die große und so facettenreiche Nation gebe, rief Rao aus, »ein Bild der Stabilität« ab. Stabilität? Hindus und Moslems hatten sich über religiöse Stätten heftigst bekämpft. Der großväterliche Premier beschwor: »Laßt uns für die kommenden zwei, drei Jahre die Probleme vergessen.« So einfach, vergessen. Und so erstaunlich, es hat gewirkt. Rao beruhigte die angespannten Nerven der Inder.

Geduld fordert Indien, die Fähigkeit, sich umzustellen und sich anzupassen. Hitze darf einen nicht stören, acht bis neun Monate des Jahres brütet das Land, abgesehen vom Norden, unter einer staubtrockenen Glocke. In den anderen Monaten gießt der Monsun.

Auf der Rückreise wiegen auch Ausländer mit dem Kopf und murmeln: atchatcha. Es ist kein Nachahmen. Es ist Ausdruck anhaltenden Staunens.

Geschichtstabelle

Um 4000 v. Chr.
Siedlungen im Industal, Kult einer Muttergöttin, Anfertigung von Terrakottafiguren und Steinsiegeln

Um 2800 v. Chr.
Harappa-Kultur im Industal, Schrift, künstliche Bewässerung, Seehandel

Um 1400 v. Chr.
Einwanderung arischer Nomadenvölker aus afghanischem und persischem Gebiet, Entstehung der Kasten (ursprünglich »Varna« = Farbe) und des Hinduismus

Um 563–477 v. Chr.
Buddha und Mahavira (Jainismus) stiften Religionen gegen Vielgötterei und Kastenwesen

327–325 v. Chr.
Alexander der Große marschiert bis zum Indus, bricht persische Vormacht

324–300 v. Chr.
Chandragupta begründet Maurya-Dynastie, erstes nordindisches Kaiserreich entsteht

273–232 v. Chr.
Kaiser Ashoka dehnt Maurya-Reich aus, Hochblüte der Kunst, Buddhismus Staatsreligion

1. Jh. n. Chr.
Der Apostel Thomas in Indien

4.–8. Jh.
Aufstieg und Herrschaft der Gupta-Dynastie, neue Blüte der indischen Kultur

1001–1026
Mahmud Ghazni aus Afghanistan fällt mehrere Male ein

1192
Sieg des Islam: der afghanische Sultan Mohammed Ghori, nimmt 1193 Delhi ein

1206
Gründung des Sultanats von Delhi, genannt »Sklavendynastie«

1398
Der Mongole Tamerlan (Timur Lenk) erobert Delhi und weite Teile Nordindiens

1498
Vasco da Gama erreicht auf dem Seeweg Indien, mit und nach ihm kommen europäische Händler und Missionare

1526
Babur, Nachkomme Tamerlans, begründet das Reich der Großmoghulen

1555–1605
Kaiser Akbar der Große – von seinem Volk hoch verehrt – dehnt das Moghulreich von Afghanistan nach Burma und vom Himalaya bis fast zur Südspitze aus, gründet die Religion »Din-i-Ilahi«, die Toleranz gegen Andersgläubige predigt, fördert Kunst und Kultur wie kein Herrscher zuvor

1612
Erste britische Niederlassung in Surat

1627–1658
Großmoghul Shahjahan, er regiert vom Pfauenthron, dehnt das Reich weiter aus, läßt das Taj Mahal bauen, Begünstigung der Sunniten

1658–1707
Großmoghul Aurangzeb, Sohn des Shah Jahan, kommt nach blutigen Bruderzwisten auf den Thron, als Sunnit verfolgt er Hindus und Sikhs, der Marathen-König Shivaji führt die Hindus als Befreier von der Moslemherrschaft an, die British East India Company kann Madras, Bombay und Calcutta gründen, Aurangzep muß mit ihr Handelsverträge schließen

1739
Der Perser Nadir Shah plündert Delhi und bringt als Beute den Pfauenthron nach Teheran

1757
Bei Plassey im Gangesdelta siegt Robert Clive, später Gouverneur der East India Company, in einer ersten Schlacht über den von Frankreich unterstützten Siraj ud Daula und den Nawab von Bengalen

1760–1774
Weitere Siege der Briten; Warren Hastings wird Generalgouverneur der britischen Besitzungen in Indien

1829
Briten verbieten Witwenverbrennung »Sati«

1835
Englisch wird Amts- und Unterrichtssprache, löst das Persische ab

1857–1858
Aufstand gegen Briten, Niederschlagung mit Hilfe loyaler indischer Fürsten, den Indern werden formell dieselben Rechte zugebilligt wie britischen Staatsbürgern

1877
Queen Victoria wird in Delhi zur »Kaiserin von Indien« gekrönt

1885
Gründung des »Indian National Congress« zur Befreiung von der Fremdherrschaft

1911
King George V. Kaiser von Indien, Delhi löst Calcutta als Hauptstadt ab

1920
Mahatma Gandhi ruft zum gewaltlosen Widerstand auf

1930
Gewaltloser »Salzmarsch« gegen das britische Salzmonopol

1947
Unabhängigkeit von Großbritannien, aber Teilung in Indien und Pakistan

1948
Ermordung Gandhis durch einen Hindu

1962
China greift Indien an

1965–1966
Indisch-pakistanischer Grenzkrieg

1971
Ostpakistan erklärt sich unabhängig, Indira Gandhi, erklärt Pakistan den Krieg, nach einem Sieg binnen fünf Tagen wird Ostpakistan als Bangladesh anerkannt

1983–1984
Nach einem Sturm des Militärs im Juni 1984 auf den Goldenen Tempel der Sikhs in Amritsar wird Indira Gandhi im Oktober von einem Sikh ermordet

हे राम
HARIJAN SEVA
हरिजन- सेवा

Trockene Tage, Kasten und Körpersprache

Was man wissen muß, um sich im Vielvölkerstaat und den Tausenden von geschriebenen und ungeschriebenen Regeln zurecht zu finden

Alkohol

Ach, Indien ohne Bürokratie, wie herrlich wäre das. Weshalb Bürokratie, wenn hier vom Alkohol die Rede sein soll, vom Gin, mit dem die Briten meinten, unsauberes Wasser und Keime neutralisieren zu können, vom Bier mit den wunderbaren Namen »Rosy Pelican«, »Cannon Extra Strong« oder »Knock Out«? Weil auch der Rausch einem umfassenden Regelwerk unterliegt. Als einziger Bundesstaat ist Gujarat völlig trocken. Aber anderswo gibt es »dry days«, aus unerfindlichen Gründen oft der 1. und 7. des Monats. Ausländer können indes die partielle Prohibition umgehen, indem sie sich daheim bei einem indischen Fremdenverkehrsbüro ein »All-India-Liquor-Permit« besorgen. Es berechtigt zum Einkauf von Spirituosen auch dann und dort, wo Inder nicht dürfen. Auf dem Papier... In der Wirklichkeit läßt sich aber in Gujarat weder mit Geld und Redekunst noch mit dem Berechtigungsschein ein Tropfen auftreiben. Halt! In den Enklaven Daman und Diu wird trotzdem getrunken, in Hotelzimmern – dank eines Schwarzhandels – ebenso.

Anderswo ist in den »Wine Shops« – kargen, abgelegenen Läden – Bier und Schnaps, aber so gut wie nie Wein zu haben. An den trockenen Tagen aber schließen sie. Restaurants benötigen zum Ausschank eine Lizenz. Haben sie diese nicht, dann servieren sie oft trotzdem Bier zum Essen – in Kaffeetassen. Bei schwarzgebrannten Spirituosen ist indes größte Vorsicht geboten. 1989 starben hundert Menschen in Ahmedabad am Genuß eines mit Methylalkohol versetzten Gebräus.

Im (christlichen) Goa ist das Bier übrigens sehr billig, im (hindischen) Tamil Nadu sehr teuer.

Ehre dem Gewaltlosen: Verbrennungsstätte Gandhis

Einheimische Schnäpse sind der »Toddy« aus Kokusherzen und der »Feni« aus Cashew-Nüssen. Wer sich an Vertrautes halten will, muß sich IMFL bestellen. IMFL? Indian Made Foreign Liquor – in Indien hergestellte ausländische Spirituosen. So etwas geht schon per Definition nicht? Trinken Sie drei davon.

Bhopal
Der Name der zentralindischen Großstadt ist der Negativbegriff überhaupt. Umweltzerstörung, riskante Industriepolitik, Sicherheitsprobleme in der Dritten Welt – dafür steht der Ort, in dem das Chemiewerk des amerikanischen Union Carbide Konzerns 1984 in die Luft ging. Tausende starben, Abertausende wurden vom ausströmenden Gift verletzt. Auch Jahre danach warteten die Opfer auf wenigstens eine Entschädigung. Regressansprüche verhedderten sich im internationalen juristischen Gestrüpp. Das große Entweder-Oder gilt bis heute: Entweder nimmt ein internationaler Konzern in der Dritten Welt wissentlich höhere Risiken in Kauf; oder eine solche Tragödie kann sich auch überall auf der Welt ereignen.

Sicher ist eines. Die Agrochemie verwendet, ja sie forciert den Gebrauch von Mitteln, die in Europa oder Nordamerika längst verboten sind, DDT etwa. Es ist das Dilemma Indiens und aller armen Länder. Entweder sie versuchen unter Mißachtung der Umwelt aufzuholen, oder sie bleiben in heiler, aber armer Umwelt zurück.

Blick in das Unendliche: ein Mönch vor dem Kloster Cholling im Teegebiet von Darjeeling

Brahmanen
Sie kamen aus dem Norden, waren hellhäutig und groß. Hätte man damals schon die Zeit datiert, dann etwa ein Jahrtausend vor Christi Geburt. Kein Wunder, daß sie auf die Ureinwohner und die ebenfalls dunkelhäutigen Drawiden faszinierend wirkten. Und so entstanden Mythen. Lange Zeit hielt das Vindhya-Gebirge in Mittelindien ihren weiteren Zug nach Süden auf. Dann aber dienten Brahmanen im Tempel von Chidambaram im südlich gelegenen Tamil Nadu, lebten Nambudiri-Brahmanen im südwestlichen Kerala. Der weise Agastya hatte dem Gebirge befohlen, sich zu verneigen und somit die Schranke geöffnet. »Das Wissen« konnte den südlichen Völkern kundgetan werden. Brahmanen sind die Hüter der Orthodoxie und diese kennt bis heute zwei wesentliche Prinzipien: Reinheit und Unreinheit. Als Mitglieder der obersten Kaste sind Brahmanen zu magischen und kultischen

Handlungen befähigt, als Besitzer des sakralen Wissens sind sie geradezu »menschliche Götter« und somit überaus rein. Geben sie aber ihr Wissen weiter, dann kommt ihr Problem, sie müssen mit Unreinen in Kontakt treten. Im modernen Indien läßt sich das Zusammenkommen mit Unreinen ohnehin schwer vermeiden, in der Schule etwa. Um aber ihre Erhabenheit trotzdem und nur unwesentlich verschleiert zum Ausdruck zu bringen, haben die Brahmanen, strenge Vegetarier, ihrerseits eine moderne Formel gefunden. Sie können es nicht ertragen mit anderen (sprich: Unreinen) zu verkehren, weil diese Fleisch essen.

Eisenbahnen

Am 16. April 1853 rollte der erste Zug der Great Indian Peninsula Railway von Bombay nach Thana: ganze 32 Kilometer. Heute ist Indiens Eisenbahn die zweitgrößte einheitlich verwaltete der Welt und die mit den meisten Fahrgästen. Eines ist über anderthalb Jahrhunderte gleichgeblieben: Sie kann die Zahl der Fahrgäste schlicht nicht bewältigen. 10 Millionen fahren täglich mit irgendeinem Zug – zum Preis von ungefähr einer Mark für hundert Kilometer. Keineswegs sind alle Fahrten so atemberaubend schön wie die mit der »Darjeeling Himalayan Railway«, wenige so luxuriös wie die im Touristenzug »Palace on Wheels«. Normalerweise wird ein Ausländer die erste Klasse benutzen – und eine Ausstattung unter dem Niveau der europäischen zweiten Klasse vorfinden. Bettwäsche muß im Schlafwagen extra gemietet werden, sofern sie überhaupt vorhanden ist. Inder bringen sicherheitshalber ihre eigene mit.

Das Tarifsystem ist außergewöhnlich kompliziert. Es gibt Zwischentarife für »Klimatisierte Wagen mit Stühlen«, für zwei- oder dreistöckige Liegewagen. Teurer sind »Postzüge« und »Schnellzüge«.

Speisewagen sind selten, aber auf den Bahnhöfen finden sich Restaurants und Hunderte von fliegenden Händlern. Genial ist folgendes Versorgungssystem: Ein Mann steigt in den Zug, nimmt Bestellungen auf; am nächsten Bahnhof steigt er aus, telegraphiert die Wünsche zum übernächsten Bahnhof; dort steigen Servierer mit den bestellten Gerichten ein, bedienen, sammeln das gebrauchte Geschirr wieder ein, kassieren und steigen am vierten Bahnhof aus.

Zeit ist allemal im Überfluß vorhanden. Sogar der schnellste aller Züge, der klimatisierte »Rajdhani Express« von Delhi nach Calcutta – mit Sonderpreis für in der Fahrt eingeschlossene Mahlzeiten – benötigt für die 1968 Kilometer lange Strecke gut 24 Stunden. Durchschnittsgeschwindigkeit: 80 km/h.

Ganges

Calcutta liegt, wie im alten Schlager geträllert wurde, am Ganges, wirklich. Aber dieser ist mit 2700 km nur der zweitgrößte Strom Indiens, wiewohl der heiligste. Sein Wasser ist zum (rituellen) Waschen da, zum Bewässern der Felder (zusammen mit dem Brahmaputra bildet er das große Teile von Bangladesh einschließende weitläufigste Delta der Erde) und auch zum Bestatten (der am Ufer verbrannten Leichen) benutzen sie ihn. Aber Vorsicht! Seine Heiligkeit ist einer der am stärksten verschmutzten Flüsse der Welt.

Gewaltlosigkeit

So schrieb Mahatma Gandhi: »Ich rechtfertige vollständige Gewaltlosigkeit und halte sie für eine mögliche Form des Verhältnisses zwischen Mensch und Mensch und Nation; aber sie ist kein ›Resignieren‹ vor einem wirklichen Kampf gegen das Schlechte ... Gewaltlosigkeit ist keine Deckung für Feigheit, sie ist die höchste Tugend der Mutigen ...

Ich glaube, daß ich, besteht nur die Wahl zwischen Feigheit und Gewalt, die Gewalt empfehlen würde ...

Aber ich glaube, daß die Gewaltlosigkeit der Gewalt unendlich überlegen ist, Verzeihen weit mannhafter als Strafe...«

Mit dieser Philosophie besiegte Gandhi die britischen Kolonialherren, die erbittert dreinschlugen und trotzdem, der Unmenschlichkeit angeklagt, abziehen mußten.

Gandhis Philosophie wurde zum Vorbild für Befreiungs- und Bürgerrechtsbewegungen auf der ganzen Welt. Er wurde 1948 von einem hinduistischen Fanatiker erschossen.

Indira Gandhi, die Tochter von Mahatmas Weggefährten, Jawaharlal Nehru, wurde 1984 von einem fanatischen Sikh ermordet. Rajiv Gandhi, ihr Sohn wurde 1991 von fanatischen Tamilen getötet.

Nicht selten gehen Hindus und Moslems, Sikhs und Kaschmiri im Glaubensstreit mit Brutalität aufeinander los. Wer auch nur in die Nähe solcher Kämpfe gerät, ist gut beraten, sich zu vergegenwärtigen, daß »Gewaltlosigkeit keine Feigheit« ist – und schleunigst das Weite zu suchen.

Heilige Kühe

Muh, da steht sie nun und glotzt. Auf dem Grünstreifen der Straße hat sie gegrast, jetzt sich mitten auf die Fahrbahn gestellt. Reifen quietschen, Autos fahren waghalsige Kurven. Sie trottet weiter auf den Bürgersteig, wo die Menschenmenge ihr ehrfurchtsvoll eine Gasse bildet.

Heilig, aber nicht vor Ohrfeigen gefeit: Kuh in Varanasi

Sie ist heilig, denn sie ist eine Kuh. Gemolken wird sie trotzdem, Milch ist begehrt, mehr noch ausgelassene Butter. Sie wird als Zugtier eingespannt und als Lieferant von Brennstoff. Denn sie ist das Symbol des Lebens, der Güte und der Freigiebigkeit. Ihre Fladen sind somit, anders als menschliche Exkremente, rein und können, von Hand mit Stroh verknetet, an eine Wand zum Trocknen geklebt werden, bevor sie die Herdfeuer heizen. Wird die Kuh indes einem Inder allzu lästig, dann schiebt er sie auch mal beiseite oder ohrfeigt sie.

Schwerer ist das mit heiligen Affen, die sich in Tempeln und antiken Stätten herumtreiben und ganz bewußt ihren Schabernack treiben. Noch schwerer mit Ratten, die im Tempel von Deshnok als heilige Tiere herumhuschen. Um sie gnädig zu stimmen, servieren ihnen die Priester Schüsseln mit süßem Reisbrei.

Kashmir

Kashmir ist paradiesisch – und umstritten. Drei Welten vereinen sich hier, die der Pilgertempel, der hohen Gipfel und der lieblichen Täler mit Hausbooten. Aber das Gebiet wurde 1947 auf Pakistan und die Indische Union aufgeteilt und ist seither umkämpft. Die überwiegend moslemische Bevölkerung im Kaschmirtal würde lieber zu Pakistan gehören, noch lieber mit den Kaschmiri von Pakistan einen eigenen Staat bilden. Sie bezeichnen den pakistanisch besetzten Teil als Azad Kashmir, Freies Kaschmir. Regelmäßig brechen Unruhen und Grenzgefechte aus. Wer hierhin reisen will, muß sich bei einem indischen Konsulat oder beim Büro der *Indian Tourist Information* in Delhi über die aktuelle Lage informieren.

Kasten

Per Gesetz wurden die Kasten längst abgeschafft, alle Inder sind gleich. In der Wirklichkeit bilden sie wie vor hundert Jahren ein filigranes System undurchbrechbarer sozialer Schranken. Nicht so sehr die von der (Haut)-farbe, Varna, abgeleiteten Hauptkasten der Brahmanen, Kshatriyas, Shudras und Vaishyas gliedern die gesellschaftliche Stufenleiter. Es sind die Tausende von Jatis, wörtlich: Geburt, in die einer hineingeboren und zu verbleiben bestimmt ist, die eine Rangfolge von »ganz oben« bis »ganz unten« bestimmen. Kasten sind – besonders auf dem Lande – geschlossene Gruppen, ohne Kontakt zueinander. Heirat in eine höhere Kaste hinein? So gut wie ausgeschlossen. Eine Speise von jemanden aus einer niedrigeren Kaste annehmen? Das macht »unrein«. Nach seinen Fähigkeiten einen besseren Beruf auszuüben? Das Kastenwesen wird es verhindern.

Beruhigend, wenn man nicht alles versteht, was auf den Straßen gerufen wird. Mulk Raj Anand beschrieb in seinem Roman »Untouchable« wie ein höher Gestellter reagierte, als Bakha, der Latrinenputzer, ihn anrempelte: »Schau, daß du an den Straßenrand kommst. Du Ungeziefer niedriger Kaste! hörte er plötzlich jemanden brüllen. Warum rufst du nicht, du Schwein, und kündigst dein Herankommen an? Weißt du, daß du mich berührt und verunreinigt hast, du schielender Sohn eines krummbeinigen Skorpions! Jetzt muß ich baden, um mich zu reinigen. Und dabei habe ich am Morgen ein neues Lendentuch und ein sauberes Hemd angezogen!...
Ich bin ein Unberührbarer! sagte er sich. Ein Unberührbarer! Er wiederholte diese Worte im Geiste, denn er war immer noch ein wenig benommen und fürchtete, sie könnten von der Dunkelheit wieder verschlungen werden.

Dann, seiner Stellung eingedenk, begann er wieder die warnenden Worte zu rufen: Posch, posch, Latrinenputzer kommt!«

Körpersprache

Da eine der »ganz einfachen« Grundübungen des Yoga darin besteht, den Kopf auf dem obersten Halswirbel rollen zu lassen, als sei er eine Kugel auf einem Billardtisch, verwundert es nicht, daß der Körper genauso zum Gespräch eingesetzt wird, wie die Zunge. Die indische Körpersprache hier in Kürze:

Seitwärtiges Wackeln mit dem Kopf = nicht nein, nicht ja, eher vielleicht, aber im Spektrum von vielleicht ja bis vielleicht nein

Langsames Kopfschütteln = Zustimmung, Ausdruck bewundernden Erstaunens

Rapides Schwingen des Kopfes in der Figur 8 = Höchste Billigung, etwa für einen Erfolg beim Cricket oder für ein gutes Essen

Plötzliches, angespanntes Ende einer Kopfschwingung = Ach, was? oder wie das?

Ausgestrecktes Kinn und gespitzte Lippen = Dort entlang und so weit (das Kinn gibt die Richtung an, der Streckgrad der Lippen die Entfernung).

Hände mit den Fingerspitzen in Brusthöhe zusammengelegt = Das Göttliche in mir grüßt das Göttliche in dir (Gruß der Hindus, u. U. auch nach dem westlichen Händeschütteln)

Berührung von Kopf und Herz mit der rechten Hand = Salaam (Gruß der Moslems)

Offene Handfläche zum Gegenüber, dann leichtes Berühren des eigenen Herzens = Verzeihung

Rotieren der Hand mit leicht gespreizten Fingern und der Handfläche zum Gegenüber = Was gibt's, was ist los?

Gestikulieren mit der Handfläche zum Körper = Ausdruck von Sorge

Beide offenen Handflächen mit nach oben gerichteten Fingern zu einem Sprecher = Recht so, so ist es

Fingerspitzen nach außen und in Hüfthöhe = Gut, erledigt, genug

Hände zum Gruß aneinandergelegt, dann mit den Flächen zum Gegenüber = Jetzt ist es wirklich genug

Verwendung der linken Hand für irgend etwas anderes als für zweihändige Gesten = Ausdruck hoffnungsloser Ignoranz und Rohheit (wird in Indien, einem Land ohne Toilettenpapier nur von Fremden angewendet).

Massage

Ist nichts Unsittliches. Der Friseur etwa wird fragen, ob man nach dem Haarschnitt noch nach einer Massage verlange und diese von einem oder mehreren Gehilfen gleich auf der Straße oder bestenfalls hinter einem Vorhang verabreichen lassen. Puder und Lotionen werden reichlich aufgetragen. Die Massage selber besteht in Quetschen, Streichen, Gelenkkapseln knacken lassen, Trommeln, Fußsohlen kitzeln und an den Zehen ziehen. Räucherstäbchen qualmen und Musik dudelt. Hernach fragt der Masseur, ob auch eine Tätowierung gefällig sei.

Tempel

In einem Hindu-Tempel herrschen eine Unzahl von Ritualen und Zeremonien, um das Irdische zu transzendieren und eine Verbindung von Mensch und Gott zu schaffen. Das lebhafte,

Im Jain-Tempel von Mt. Abu

fast chaotische Bild der »Pujas«, der kultischen Handlungen, ist trügerisch. Alles ist strengen Regeln unterworfen, wie auch die den Formeln einer heiligen Mathematik folgten. Das gesamte Regelwerk kennen indes nur die Priester. Viermal täglich finden Pujas statt: morgens, mittags, zum Sonnenuntergang und zu Mitternacht. Jeweils wird das Allerheiligste mit dem Bildnis des Gottes geöffnet, der Gott begrüßt. Dann wird eine Glocke geschlagen, um böse Geister zu vertreiben und den Gott aufmerksam zu machen. Hernach bittet der Priester den Gott um Einverständnis für die Zeremonie. Er spricht »Mantras«, heilige Worte, und übt »Mudras« aus, zeremonielle Handbewegungen. Da der Gott gewissermaßen schläft, muß der Priester ihn erwecken, indem er das Bildnis badet, salbt und schmückt. Schließlich wird er es im Uhrzeigersinn umschreiten und damit den letzten Akt des Morgens, die »Pradakshina« begehen.

Yoga

Der Gelehrte Patanjali beschrieb in 194 Yogasutras die Techniken des Yoga, dessen Ziel die Trennung von Geist und Materie und die Auflösung der Persönlichkeit ist. Er schuf eine Anschauung, eine »Darshana«, die eine der sechs Schulen indischer Philosophie ausmacht. Acht Stufen führen zum erstrebten Ziel: Gewaltlosigkeit, geistige Läuterung, Beherrschung bestimmter Körper- und Sitzhaltungen, Atemkontrolle, Ausschalten äußerer Wahrnehmung, Ausschalten unkontrollierter Gedankengänge, Meditation, totale Versenkung ohne Bewußtsein seiner selbst »wie eine Welle im Wasser«. Viele Inder indes treiben Yoga wie einen Entspannungssport, nicht viel anders als das ebenfalls anstrengende Aerobic im Westen.

Curries vom Bananenblatt

Vegetarische Vielfalt, Leckereien aus dem Tandoori, die kaiserliche Küche der Moghulen – jedes Volk hat seine eigenen Vorlieben

Wie schwer kann die einfachste aller Tätigkeiten sein? Die Wette gilt: Sie schaffen es nicht auf Anhieb, in einem einfachen Restaurant so zu essen wie die Einheimischen, ohne sich zu bekleckern. Es sieht so leicht aus, und es ist ja auch eine der grundlegenden Tätigkeiten der Menschen. Aber dies ist Indien und zwar nicht im westlich ausgerichteten Luxushotel. Das Essen wird bestensfalls auf Bananenblättern serviert, Reis kommt auf diese und verschiedene Gerichte und Saucen. Sie sehen, wie die Leute rundherum den Reis mit den Fingern der rechten Hand – und nur mit dieser! – zu kleinen Bällchen formen, ein Gemüse dazunehmen, das Ganze in eine Sauce tunken und zum Mund führen.

Sie versuchen es ihnen gleich zu tun, schaffen es vielleicht sogar, einen waghalsigen Klumpen Reis in den Fingerspitzen zu halten – und müssen dann erleben, wie er Ihnen mitsamt der Sauce aus den Fingern glitscht. Aber wie gesagt, die Wette gilt: Wer es nachweislich ohne Üben versteht, so zu essen, bekommt von uns ein Exemplar der überarbeiteten Neuauflage dieses Führers geschenkt.

Die meisten Indienreisenden trauen sich indes gar nicht in einfache Gaststätten. Warnungen vor Hygiene-Problemen und Krankheiten kommen frei Haus. Größere Hotels sind ganz und gar auf den internationalen Einheitsstil eingestellt, servieren echt Indisches allenfalls als Spezialität und in abgemilderter Form.

Dabei ist die indische Küche eine der großartigsten der Welt, an Vielfalt und Einfluß nur zu messen mit der französischen und der chinesischen. Die enorme Variationsbreite ist Ausdruck der zahlreichen Kulturen und der religiösen Vorschriften. Sie reicht von exquisit einfachen vegetarischen Gerichten zu Fisch- und Fleischzubereitungen mit mehreren Dutzend Ingredienzen. Jede Region pflegt ihre eigenen Besonderheiten, jedes Re-

Der Herr über die Chilis: ein Rajasthani inspiziert die zum Trocknen ausgelegten Früchte

staurant und jede Köchin am heimischen Herd verfeinert diese mit individuellen Vorlieben.

Das Geheimnis machen die Gewürze aus, und die sind im Curry. Curry hat nichts mit dem gelbroten Pulver unserer Breitengrade gemein. Das Wort stammt vom tamilischen »kari« und bedeutet genau dieses: würzige Saucen. Curries können von infernalischer Schärfe sein, müssen es aber nicht. In Nordindien werden sie eher mit Joghurt, im Süden mit Kokosnußmilch und an der Westküste mit Essig angerührt. Safran und Mandeln kommen dazu, Ingwer, Kardamon, Koriander und Nelken sind noch die uns geläufigsten der drei oder mehr Dutzend Gewürze, die in ein Curry gemischt werden.

Getreide machen indes die Grundlagen indischer Mahlzeiten aus. Sie werden zu »Chapattis« oder hauchdünnen »Rumali roti« auf dem Grill gebacken. Aus Öfen kommen die flockigen »Nans« in großen rechteckigen Fladen und die einfacheren »Tandoori roti«. »Baturas«, «Parathas« und »Puris« wiederum sind mit Gemüsen oder Fleisch gefüllte Brote. Nicht nur Weizen, sondern auch Reis und Kichererbsen werden zu Mehl gemahlen.

Reis ist die andere Hauptgrundlage indischen Essens. Als »steamed Rice« wird er zu den verschiedenen Curries gegessen. Im Süden wird er auch als Kokosnußreis, als Tamarinden- oder Zitronenreis gereicht. Im Norden dominieren die »Pilaffs« oder »Pilaus«, Reis in dicker Hühner- oder Fleischbouillon gekocht. Das herausragende aller Reisgerichte ist indes die »Biriyani«, Lagen von Würzreisen mit mariniertem Fleisch, Mandeln, Nüssen und Rosinen, die aus der Moghulküche des Nordens und Hyderabad, der ehemaligen Moghulkolonie im Süden kommt.

Eine häufige Beilage sind Linsen, »Dal«, meist als Brei, mal süß, mal scharf, aber in so vielen Formen, daß sie gar nicht zu nennen sind.

Wenn sie es sich leisten können, kochen Inder gerne in »Ghee«, dem ausgelassenen Butterfett, das auch bei großer Hitze nicht so leicht ranzig wird. Joghurt kommt als »Curd« oder »Dahi« zu den Marinaden und Saucen, sowie pur, um manchem scharfen Gericht das Feuer zu nehmen. Als »Lassi« wird es, je nach Geschmack gesalzen oder gesüßt, auch als beliebtes Getränk gereicht.

Ebenfalls begleitet eine Auswahl an »Pickles« und »Chutneys« jedes bessere Mahl. Mangos und Limonen, frische Minze, Ingwer, Koriander und Kokosnuß sind die Grundlagen vieler »Pickles«, die eher scharf und sauer zubereitet werden. Für die süßeren »Chutneys« werden Mangos und Tomaten verwendet. Und gar nicht so unähnlich den amerikanischen Chips gehören auch die indischen »Papads« als Beilagen auf den Tisch: krosse Plätzchen aus trockenem Reis- oder Linsenteig.

Die religiös motivierten Vegetarier haben eine äußerst abwechslungsreiche Küche ohne Fleisch geschaffen, die in ihrer reinen Form sogar auf »treibende« Gemüse wie Knoblauch und Zwiebeln und auf »erhitzende« Gewürze wie Nelken, Karda-

Wo auf althergebrachte Weise geschrotet wird

mon und Zimt verzichtet. In ganz Indien ist die vegetarische Küche des Gujarat verbreitet. Auf runden Metalltabletts stehen Schüsseln mit Gemüsen, gemüsegefüllten »Puris«, dem Linsenbrei »Dal«, mit »Kadi« aus Quark und Zuckererbsen und »Aam rasa« aus pürierten Mangos. Der Gujarati hat es gerne süß, »Gur«, brauner Zucker wird in die Gemüse gerührt.

Viel schärfer – und im allgemeinen sehr preisgünstig – sind die vegetarischen Gerichte des Südens. »Dosa«, hauchdünne Pfannekuchen mit nur leicht gewürzten Kartoffeln kann ein europäischer Gaumen noch am ehesten vertragen. »Idli« und »Vadas«, wie die »Dosa« aus Reis- und Linsenteig, dagegen werden mit einem sauren Kokosnußchutney oder einem an das Höllenfeuer gemahnendem, senfartigen »Sambahr« gereicht. Die Bitte um Milde sollte übrigens mit den Worten »not so spicy« vorgetragen werden ... Wer es indes dem Südinder gleich tun will, läßt sich eine Zusammenstellung von Dosa, Idli und Vadas schon zum Frühstück auftischen.

Nicht ganz so »spicy« sind von vornherein die vegetarischen Gerichte des Nordens, vor allem diejenigen aus Varanasi. Viele haben »Paneer«, eine Art Hüttenkäse zur Grundlage, der zudem mit Erbsen, Spinat oder Lotussamen verfeinert wird.

Fleisch essen die Moslems, indes kein Schweinefleisch. Aber in jeder größeren Stadt zeugen Restaurants von der kulinarischen Kunst der (moslemischen) Moghulen. Nur Lamm oder Rind? Undenkbar – in Milch und Sahne muß es gekocht werden, mit gehackten Nüssen bestreut und Mandelsauce begossen. »Pasindas« vergleichen sich mit Steaks, »Kormas« mit saftigen Braten, »Koftas«, meist Hammel, mit Hackfleischbällchen. Das berühmte »Raan«, eine Lammkeule, wird mariniert und in Sahnesauce gekocht.

Überall in Indien (und längst auf der ganzen Welt) sind die Tandoorigerichte des Kashmir zu bekommen. Der Tandoor ist ein mit Holzkohle befeuerter offener Lehmofen; fast alles, was in ihn hineinkommt, wird vorher mariniert, das »Tandoori chikken« etwa in Joghurt, Ingwer, Knoblauch und Safran. Fleisch vom Rind und Lamm kommt, »Kakabs«, ebenso aus dem Tandoor wie Fisch.

Paradiese für Liebhaber von Fisch und Meeresgetieren sind Goa und die westlichen und östlichen Küstengebiete. Die Parsen brachten vor Jahrhunderten die Tradition des Dünstens aus Persien mit sich. Sie servieren den »Patrani machi«, leicht gewürzter, in Bananenblättern gedämpfter Fisch. In Goa hält die portugiesische Tradition an: gekochter Fisch in säuerlichen Kokosnußsaucen, manchmal sogar gemischt mit Schweinefleisch, das sonst in Indien kaum gegessen wird. Getrockneter Fisch oder Krabben mit Gemüse und Dal sind die Ernährungsgrundlage vieler Küstenbewohner. Aus dem Golf von Bengalen kommen Unmengen von Riesengarnelen, mit einer Art Senfsauce werden sie als »Macher jhol« und »Jhonga malai« gereicht.

So scharf die Hauptspeisen sind, so süß werden die Nachspeisen angerichtet. Auch hier bedarf es des Umgewöhnens: klebrige Süße mit ihrer Art von Gewürzen, nämlich Rosen- oder Blütenessenz, Safran und Kardamon. Die saftigen »Rasgulla«, Quarkbällchen, sind hier die Nachspeisen zum Eingewöhnen. Alles andere ist, milde ausgedrückt, sehr exotisch. Die bengalischen »Sandesh« werden aus Milchzucker gebacken, die südlichen »Mysore pak« sind aus gesüßtem Fleisch mit Rosinen und Butterfett, »Shrikhand« aus dem Gujarat und dem Maharashtra wird aus getrocknetem Quark zubereitet. Heiß kommen die überall erhältlichen »Jelabi« auf jedem Basar aus den Fritteusen, von ihnen tropft der Sirup mit denen sie bestrichen werden – nicht nur ein Nachtisch, sondern auch ein beliebtes und beleibt machendes Frühstück und eine Beigabe zur Teestunde.

Inder beschließen ihre Mahlzeit gerne mit »Paan«. Wer es versuchen will, sollte wissen, was er zu sich nimmt: beruhigend wirkende und leicht süchtig machende Betelblätter mit Kalkpaste und einem tanninhaltigen Puder bestrichen, in die zerhackte Betelnüsse, Kardamon und Anissamen eingewickelt sind. Und Paan macht nicht nur süchtig, es wirkt auch äußerst verdauungsfördernd.

Über Getränke muß in diesem Kapitel nicht allzuviel gesagt werden. Normalerweise begnügen sich die Inder mit Wasser. Darauf sollten Europäer aber unter allen Umständen verzichten, jedenfalls, wenn es aus der Leitung oder unbekannter Quelle kommt. Andererseits spricht nichts dagegen, Mineralwasser aus Flaschen zu trinken.

Und hier gleich zwei Tips, wie dem lästigen Durchfall vorzubeugen, beziehungsweise der mit ihm einhergehenden Schwächung beizukommen ist. Vorbeugen: Säure, Säure, Säure. Kein Mittel ist wirksamer als dieses der Natur. Zitronensaft auf Speisen geträufelt, zum Frühstück ein Glas Zitronensaft pur, mehr als die übliche Portion Essig – all das wirkt Wunder gegen Bakterien und sogar manche Viren, belastet den Magen aber nicht allzustark. Und sollte es einen trotzdem erwischen, die Wahrscheinlichkeit ist groß, dann hilft eben jenes Rehydrationssalz, welches die UN-Kinderhilfsorganisation bei Katastrophen verteilen, am ehesten, das innere Gleichgewicht wiederherzustellen. Ein paar Beutel davon im Reisegepäck können nicht schaden. Als Hausmittel hat sich übrigens auch Coca-Cola mit Salzstangen bewährt, dürfte aber mitunter in Indien schwer aufzutreiben sein.

Nun aber zur angenehmeren Seite des Trinkens. Landestypisch und erfrischend ist »Lassi«, ein der Buttermilch ähnliches Getränk. Wunderschön ist auch die Milch aus frischen Kokosnüssen. Mit dem großen Messer schlagen sie die Verkäufer auf, der Saft ist sauber und voller Vitamine. Abenteuerlich bleibt die Zubereitung des Zuckerrohrsaftes. In altertümlichen Pressen werden die Rohre im Handbetrieb ausgequetscht. Der recht schwere Saft kann unbedenklich genossen werden.

In Flaschen kommen, seien wir korrekt, »kohlensäurehaltige Süßgetränke« mit so herrlichen Namen wie »Thumbs Up« oder »Limca«. Erträglich sind von diesen Limonaden jene mit Mangogeschmack, wenig Gaumenfreude bereiten die Orangeaden und Limonaden. Und auch das indische Cola, ein Eigengebräu, hat wohl wenig mit der streng geheimen amerikanischen Originalmischung zu tun.

Stilles Mineralwasser in Plastikflaschen ist teurer als in Europa, dürfte aber oft ein unerläßlicher Reisebegleiter sein. Vorsicht: Mancher Händler ist sich nicht zu schade, verwendete Flaschen wieder aufzufüllen und zwar mit Wasser von bedenklicher Güte, dann den Deckel wieder aufzuschrauben. Also darauf achten, daß der Originalverschluß noch sitzt.

Unschlagbar gegen Durst und als Vorsorgemittel – siehe oben – bleibt das »Fresh Lime Soda« oder »Fresh Lemon Soda«, Limonen- oder Zitronensaft mit kohlensäurehaltigem Mineralwasser. Der Hinweis »no ice please« ist indes nirgends fehl am Platz. Und ein persönlicher Rat: Da man in der Hitze schwitzt, ist eine Prise Salz im Soda sogar noch zur Regulierung des Salzhaushaltes von Vorteil.

Bier kommt in großen Flaschen, steht den europäischen Marken meist in nichts nach, ist aber eher in Hotelrestaurants als in einfachen Gaststätten zu haben. Wein, ja, es gibt auch indischen Wein, ist schwer, süß und wuchtig. Importierte Weine werden nur in den Hotels und Restaurants der obersten Klassen geboten, die Preise sind exorbitant. Harte Alkoholika kommen als indische Brennungen und als Importe (siehe auch Stichworte: Alkohol), britische Vorlieben wie Gin und Tonic überwiegen.

Von den Engländern stammt auch die Hinterlassenschaft, zu jeder Tages- und Nachtzeit Tee zu trinken. Am Straßenrand wird er in »Tea stalls« mit viel Milch, Zucker und Gewürzen für eine halbe Rupee gereicht.

Seiden, Teppiche, betörender Schmuck

Schlepper führen in die Basare, staatliche Handelsemporien mit Festpreisen sind sicherer

Indien ist kaum ein Einkaufsparadies im herkömmlichen Sinne. Und kaum jemand wird an erster Stelle wegen des Shoppings auf den Subkontinent reisen. Überdies drängt sich keine Souvenirindustrie auf, die sonst einen Großteil der Welt mit Andenken und typischen Landesprodukten beschert. Aber etwas von den wundersamen Exotika des Landes wird wohl jeder mitnehmen wollen.

Ein Tip vorab: Es lohnt sich, zunächst einmal eines der staatlichen Handelszentren aufzusuchen, etwa das *Central Cottage Industries Emporium* in Bombay und Delhi oder die Läden am Baba Kharak Singh Marg in Delhi. Dort und in ähnlichen Einrichtungen in anderen Städten findet sich eine breite Auswahl dessen, was Indien zu bieten hat. Nicht aber nur zum Einkaufen sollten die staatlichen Läden aufgesucht werden, sondern vor allem zur Orientierung. Man kann sich recht gut über Qualität und (festgesetzte) Preise informieren – dann aber auf den Basaren und in Privatgeschäften sein Glück beim Feilschen probieren.

Wo Stoffe oft aus den schönsten, farbenprächtigsten Seiden sind: Verkäuferin in Neu Delhi

Denn in Indien gilt: handeln, handeln und nochmals handeln. Keine Angst, bei allem Theater wird ein Verkäufer nie unter einen Mindestpreis gehen, um seine Handelsspanne wieder hereinzuholen. Und in die Handelsspanne muß er einiges einrechnen, zum Beispiel auch die Kommission für die Schlepper, die sich – wo sonst? – bevorzugt an den touristisch interessanten Stätten aufhalten. Rührende Geschichten beherrschen sie, vom »Laden der Familie« oder vom »Sonderpreis beim Freund«. Sie stimmen selten, sicher aber wird der »Bruder« vom Ladeninhaber hinterher ausgezahlt.

Zu den schönsten Produkten zählen sicher Teppiche. In Indien werden mehr »Perser« gewebt und exportiert als im Iran. Die besten kommen aus dem Kaschmir, sind aus reiner Seide und insofern völlig echt, als die Webtechniken und die Muster vor Urzeiten auf der Völkerbewegung aus eben diesem Persien mitgebracht wurden. Wollene Kaschmirteppiche sind natürlich günstiger und mehr für den täglichen Gebrauch geeignet als die seidenen. Beides, große Haltbarkeit und dekorativen Glanz, bieten die Woll-Seide-Gemische. Sie haben den »silk touch«. Ganz besonders schön und optisch weniger schwer als die klassischen Knüpfteppiche sind aber auch indische Webteppiche. Dhurrais heißen sie oder Durries. Sie kommen in hellen Farben, rosa, türkis, hellblau, auf weißem oder beigem Grund und werden aus Baumwolle, ganz selten aus Ziegenhaar gefertigt.

Farbenprächtig sind indes die tibetanischen Teppiche, die von den Flüchtlingen aus Tibet nach Indien gebracht oder dort von ihnen gewebt wurden.

Das Eigenartige am Teppichhandel bleibt, daß es keine erkennbaren Preismuster gibt. Es ist durchaus möglich, einen prächtigen Dhurrai in einem europäischen Warenhaus günstiger zu erstehen als bei einem indischen Teppichhändler im Dorf, wo sie gewebt werden, weil der Großeinkäufer einer Handelskette bessere Preise erzielen kann. Also noch einmal: Gut informieren, beharrlich handeln.

Zu den charakteristischsten Produkten zählen die Pappmachéarbeiten aus dem Kaschmir: Schüsseln, Tassen, Schmuckkästchen, Tabletts, sogar Tische und Lampen. Das Papier wird mit einer Schablone geformt, mehrmals bemalt und lackiert. Die Preise richten sich nach der Schwierigkeit der Verarbeitung, dem Design und der verwendeten Menge an Goldblatt.

Von bestechender Klarheit sind die weiß glasierten Töpferwaren aus Rajasthan, allerlei Geschirr mit handgemalten blaßblauen Blumenmustern.

Eher den indischen Geschmack treffen die Kupfer- und Messingarbeiten des Landes. Kerzenhalter, Lampenfüße, Aschenbecher – sie müssen, scheint's, aus diesen Metallen sein. Wenn sie aus Rajasthan oder Uttar Pradesh und nicht aus den Manufakturen Bombays kommen, haben sie immerhin farbige Einlegearbeiten aus Emaille.

Schmuck, Edelsteine und Juwelen – darin legen die Inder, besonders die Frauen, oft ihr ganzes Geld an. Auch das ärmste Mädchen wird versuchen, wenigstens von ihren paar Rupees goldene Ohrringe und eine Nasennadel zu kaufen. Kein Wunder also, daß Schmuck überall erhältlich und extrem billig ist. Einfachere Schmucksachen wie Ketten oder Ringe werden schlicht nach Gewicht gezahlt, der handwerkliche Anteil zählt so gut wie nichts. Und der Besuch bei einem Juwelier kann leicht zu einem Sesam-öffne-Dich-Erlebnis werden. Aus einem alten Pappkarton oder einem so unwahrscheinlichen Behälter wie einer olivgrünen Patronentasche wird er Dutzende von Edelsteinen hervorkramen und auf einem Samttuch ausbreiten. Eine Lupe hält er selbstverständlich bereit. Doch man sollte vorher wissen, was einen Stein wertvoll, was ihn wertlos macht, bevor man sich bei einem solchen Ritual für einen Rubinen, einen Smaragden oder gar einen Diamanten entscheidet.

Bronzefiguren der Götter, Schnitzereien aus Rosenholz, Saris, die indischsten aller Kleidungsstücke, Marmoreinlegearbeiten aus Agra (nach den Vorbildern an den Wänden der Taj Mahal), Reproduktionen alter Miniaturgemälde, schlicht eine Auswahl von Gewürzen oder einige Päckchen Tee – das sind die üblichen, leicht zu erstehenden Mitbringsel.

Und ein persönlicher Tip: Ein paar Meter Seide von einem indischen Stoffhändler und diese zu Hause nach eigenem Geschmack zu Vorhängen oder Decken genäht, trifft die aktuelle Mode viel eher.

Ein unvergeßliches Erlebnis bleibt der Einkauf bei einem solchen Stoffhändler. Die Einrichtung des Ladens entspricht der eines europäischen Textilgeschäfts des vorigen Jahrhunderts. Riesige Theken ziehen sich an den Längsseiten hin. Bis unter die Decke sind Ballen über Ballen an Stoff in die Regale geschichtet. In einer Ecke verhandelt eine Gruppe junger Frauen kichernd und errötend den Kauf einiger Meter durchwirkter Seide für einen Sari. In die andere geleitet der Inhaber, das Maßband um den Hals. Er fragt nach den Grundwünschen: Seide oder Baumwolle, Wolle oder Chintz? Eher in Rottönen oder in Blau? Goldfäden oder Silber? Flinke Gesellen ziehen die Tücher aus den Regalen, rollen die Ballen auf, notfalls bis zur Tür hinaus. Vergleichen, noch einmal überlegen, abmessen, schneiden – ein fein mit Kordel gebundenes Packpapierpäckchen in Empfang nehmen. Das ist der Reigen zwischen Händler und Kunden. Letzterer kann gewiß sein, beste Seide zu besten Preisen erstanden zu haben.

Es gibt übrigens ein gutes Zahlungsmittel, besonders abseits der Großstädte: technologische Produkte des Westens, also Kameras, Videorecorder, Kofferradios. »Made in Japan« oder »Made in Germany« erzielt die höchsten Preise.

Ein Krug für alle Fälle: Töpfermarkt in Goa

Wenn gefärbtes Wasser verspritzt wird

In einem Land mit sieben Hauptreligionen wird praktisch jeden Tag ein Fest gefeiert

Nun, sieben Hauptreligionen, extreme regionale Unterschiede, Jahreszeiten nach anderen Maßstäben wie dem Beginn des Monsun oder der Erntezeit, eine riesige ländliche Bevölkerung, immense Großfamilien – es gibt jeden Tag ein Fest.

Planen läßt sich der Besuch von Festen indes schwer. Zwar gilt in Indien der gregorianische Kalender. Doch die Tradition folgt nicht ihm, sondern den Bahnen des Mondes. Und der Lunarmonat ist kürzer als der Kalendermonat.

Mit Ausnahme dreier staatlicher Feiertage können nur die ungefähren Daten des Zelebrierens angegeben werden.

STAATLICHE FEIERTAGE UND FESTE

Januar/Februar

Makara Sankranti (Pongal)
Gewissermaßen das indische Erntedankfest, das vor allem im Süden drei Tage lang begangen wird.

26. Januar *Republic Day*
Der Tag, an dem die Republik 1950 ausgerufen wurde, wird in allen Landeshauptstädten, vor allem aber in Delhi mit großen Paraden begangen.

★ *Holi*
Das Frühlingsfest, das im Norden überschwenglicher als im Süden gefeiert wird, da im Süden die Jahreszeiten nicht so stark ins Gewicht fallen. Alles, aber auch alles wird gefärbt, um zu zeigen, daß nun die Zeit der Blumen und der Wärme kommt: Tiere, Mauern, Menschen. Farbe wird in Pulver geworfen, in klebrigen Kugeln verschossen und in Wasser aufgelöst auf alle Herumstehenden verspritzt.

★ *Shivrati*
Shiva, der vielgestaltige Gott, der Schöpfer, Erhalter und Zerstörer, wird verehrt, auch in seiner Rolle als Zeugungsgott, für den das Phallussymbol Lingam steht. Bester Ort: *Varanasi.*

Folklore am Unabhängigkeitstag

MARCO-POLO-TIPS FÜR FESTE

1 Shivrati
Gott Shiva zu Ehren – besonders in Cidambaram, Kkajuraho, Tanjore und Varanasi, den Wallfahrtsorten (Seite 35)

2 Holi
Der Frühling kommt und die Inder spritzen mit gefärbtem Wasser aufeinander: die menschliche Blüte (Seite 35)

3 Dussehra/Durga Puja
Rama besiegte den Dämonen Ravana, Grund für zehn pompöse und ausgelassene Tage – am beeindruckendsten in Calcutta (Seite 37)

4 Divali
Das lustigste aller indischen Feste, das »Fest des Lichtes« zu Beginn des Hindu-Neujahrs (Seite 37)

Desert Festival von Jaisalmer
Nur von lokaler Bedeutung ist das dreitägige Wüstenfest, aber von lohnender sind die aufregenden Schwerttänze, und die bizarre Musik der Wüste.

März/April

Khajuraho Festival of Dances
Die klassischen Tänze Indiens vor dem Chandella-Tempel des nordindischen Ortes des Kamasutrageheimnisses, Khajuraho. Die authentische Alternative zu derartigen Aufführungen in Touristenhotels.

Baisakhi
Den Anfang des hindischen Sonnenjahres markiert dieser Tag vor allem in Nordindien. Besonders gerne feiern ihn die Sikhs, denn ihr Guru Gobind Singh erklärte sie vor fünfhundert Jahren am Baisakhi zum auserwählten, kriegerischen Volk.

Elefantenfest in Jaipur
Eher für Touristen, aber sehr pittoresk, der Aufmarsch der geschmückten Kolosse in »ihrer« Hauptstadt, der rosafarbenen Stadt.

Mai/Juni

Buddha Purnima
Geburt, Erleuchtung und Erreichen des Nirwana von Buddha werden an diesem Tag gefeiert.

Rath Yatra
Tausende ziehen die riesigen Tempelwagen mit den Statuen der Götter zu den kühleren Sommerresidenzen der Heiligkeiten: in Puri im östlichen Orissa.

Id-ul-Fitr
Irgendwann ist der Fastenmonat Ramadan vorüber, für Moslems Anlaß zum Prassen und die verlorengegangenen Pfunde wieder aufzulegen.

Juli/August

Bakr-Id
Abraham opferte Gott seinen Sohn, die Moslems danken für den Gehorsam, geben Almosen und verschlingen üppige Mahlzeiten.

Teej
Jetzt sollte der Monsun kommen. Im Rajasthan kommen die jungen Frauen zusammen und schwingen auf Schaukeln, um den Regen anzulocken.

15. August, Independence Day
Der Premierminister spricht vom Roten Fort in Delhi zur Nation; im ganzen Land wird der Unabhängigkeit gedacht.

September/Oktober
Ganesh
Der elefantenköpfige Gott Ganesh – in Form von Tonfiguren – wird in großen Prozessionen zum Meer oder zu Seen getragen und in den Wassern versenkt.
Onam
Ende des Monsun. In Kerala wird dieses Erntedankfest von Bootsrennen begleitet.
2. Oktober, Gandhi Jayanti Der staatliche Feiertag anläßlich Mahatma Gandhis Geburtstag.
★ *Dussehra/Durga Puja*
Das bedeutet zehn, und soviele Tage lang wird zelebriert, daß Lord Rama den zehnköpfigen Dämonenkönig Ravana bezwang. Es ist das beliebteste Fest. Im Süden währt es nur neun Tage, heißt dort *Navaratri*, anderswo wiederum, etwa in Delhi, *Ram Lila* (die Lebensgeschichte von Rama), denn unzählige Varianten der Göttergeschichte bilden die Grundlagen. Am Ende indes siegt stets das Gute über das Schlechte, die Bildnisse der Dämonen werden verbrannt. Die größten Prozessionen führen in Varanasi zum Ganges. Öllampen erleuchten die Häuser. Die Göttergestalten aus Holz, Ton oder Pappmaché werden durch die Straßen getragen und am Ende im Fluß versenkt. Verbrennen und versenken symbolisieren Reinigung und Erneuerung. Profaner sind die Glücksspiele dieser Tage – die Spieler wollen wissen, wie ihre Chancen für das neue Jahr stehen.

★ *Divali*
Als wäre es nicht schon genug mit Dussehra, das Feiern geht in Divali, ins Fest des Lichtes, über. Nach 14 Jahren im Exil kehrte Rama heim, geehrt werden auch die Göttin Lakshmi und der Beginn des Hinduneujahrs.

November/Dezember
Pushkar Fair
Die Kamel- und Rindermesse von Pushkar im Rajasthan endet mit farbenfreudigen Kamelrennen.
Weihnachten
Die Geburt Jesu Christi ist das wichtigste Fest indischer Christen. Besonders in Goa sind dann die Hotels ausgebucht.

Wenn die Gottheiten und ihre Tiere auf das Wasser gehen, dann ist Zeit zum Feiern: Onam-Prunkregatta

Mausoleen, Paläste und Scheiterhaufen

Zwischen der Wüste Thar und der Gangesebene: die heiligsten Stätten von Hinduismus und Buddhismus, unentdeckte Nomadenorte, die kolonial geprägte Hauptstadt, die Schlösser der Maharajas und das Taj Mahal

Das indische Kernland und trotzdem schon ein Großteil der ganzen Vielfalt des Subkontinents zeigen sich im Norden. Das Taj Mahal in Agra, das Symbol der Größe der Moghulenherrschaft und einer der wunderbarsten Liebesbeweise aller Zeiten – Shahjahan stiftete den Traum in Marmor seiner Frau Mumtaz-i-Mahal – leuchtet als Inbegriff lebendiger Vergangenheit. Delhi, die teils moderne, teils koloniale, teils historische Hauptstadt des Riesenlandes sammelt Spuren und Völker auch von den entlegensten Teilen des Subkontinents. Varanasi, die Pilgerstadt am Ganges, offenbart die Größe und die Eigenarten des Hinduismus; die Bedeutung des Wassers für Leben und Sterben. Die beiden großen Bundesstaaten Zentralindiens, Uttar Pradesh und Madhya Pradesh, sind zusammen ungefähr doppelt so groß wie die iberische Halbinsel und zählen knapp 200 Millionen Einwohner.

Jama Masjid Moschee in Delhi

Hotel- und Restaurantpreise

Hotels

Luxuskategorie: über 180 Mark
Kategorie 1: 80–180 Mark
Kategorie 2: 30–80 Mark
Kategorie 3: unter 30 Mark

Preise für Doppelzimmer, wegen der Inflation auf DM-Basis.

Restaurants

Luxuskategorie: über 50 Mark
Kategorie 1: 10–50 Mark
Kategorie 2: 5–10 Mark
Kategorie 3: unter 5 Mark

Für Zusammenstellungen von drei bis vier Gerichten pro Person, ohne Getränke

In den fruchtbaren Ebenen der großen Ströme Ganges und Yamuna gedeihen Baumwolle, Reis, Weizen und Zuckerrohr. Im südlicheren Madhya Pradesh herrscht die Industrie vor: Kohle- und Eisenbergbau, aber auch Chemie – die tragische Geschichte Bhopals erinnert an die Fallstricke des Fortschritts.

Aber in den Bergen von Madhya Pradesh stehen auch die ausgedehntesten Wälder Indiens, hier finden sich die Nationalparks, in denen Tiger und wilde Eber umherstreifen.

Vor dem fabelhaften Palast der Winde in der rosafarbenen Stadt Jaipur läßt sich noch nicht ahnen, daß knapp westlich die große Kargheit der Wüste Thar beginnt. Auf Kamelen kann man sich in sie hineinwagen.

Buddhisten suchen die unzähligen Stupas auf. Im heute betont prüdem Khajuraho erinnern die Tempel an die sinnesfrohe Zeit des Hinduismus, an Karmasutra und Tantra.

In Delhi und dem Norden finden sich die historischen, die kulturellen und religiösen Stätten – Indien zum Ansehen.

AGRA

Von Delhi ist die Stadt (1,2 Mio Ew.) am Yamunastrom mit Bus, Bahn oder Taxi (203 km) leicht zu erreichen. Als erstes fällt aber nicht das Taj Mahal sondern ein dicht gedrängtes, fast mittelalterliches Stadtleben mit Märkten und kleinen Handwerksbetrieben ins Auge. Es wirkt, als wäre im Zentrum mit den ungepflasterten Straßen die Zeit stehen geblieben. Im Süden indes, näher dem berühmten Mausoleum, bestimmen internationale Hotels und Touristenläden das Bild.

Nur zwei Jahrhunderte währte die Herrschaft der Moghulkaiser von Agra. 1566 machte der Moghul Akbar sie zu seiner Hauptstadt, Shahjahan, der Erbauer der Taj Mahal, verlegte die

MARCO-POLO-TIPS FÜR DELHI UND DEN NORDEN

1 **Amber**
Der sagenhafte Palast des Maharaja Man Singh (Seite 53)

2 **Ghats**
Die Treppen zum Leben und Sterben im heiligen Ganges (Seite 62)

3 **Khajuraho**
Die erotischen Tempel, die der muslimischen Zerstörung entgingen (Seite 57)

4 **Lake Palace Hotel**
Übernachtung im traumhaften Sommerpalast auf einer Insel im See (Seite 60)

5 **Rotes Fort**
Die Burg der Moghulen-Kaiser in Delhi (Seite 48)

6 **Taj Mahal**
Das fabelhafte Grabmal der Kaiserin Mumtaz-i-Mahal in Agra (Seite 43)

Eine der Festungen der Moghulen: Rotes Fort von Agra

politischen Geschäfte schon 1630 zum Teil wieder nach Delhi. Im 18. Jh. wurde Agra geplündert, die meisten der damals schon rund eine Mio. Ew. hatten die Stadt verlassen, als sie 1803 von den Briten eingenommen wurde. (C2)

BESICHTIGUNGEN

Chinika Rauza

In den Gärten am Ostufer des Yamuna liegt das »chinesische Grab«, ein achteckiger Prunkbau mit Kacheldekor zur Erinnerung an den gelehrten Hofbeamten Azal Khan, der schon zu dessen Lebzeiten Mitte des 17. Jhs. entstand. Man kann innen hinaufsteigen und auf den Fluß und die Stadt hinabschauen.

Itmad-ud-Daulah

Ein wenig südlich steht das Grab des Finanzministers Mirza Ghiyas Beg, der so geehrt wurde, weil er der Schwiegervater des Moghulkaisers Jahangir war. Der Bau mit den fragilen Marmorgitterfenstern war sozusagen ein Übungsstück für das einige Jahre später begonnene Taj Mahal.

Jama Masjid

Die mächtige Moschee ohne Minarette entstand um 1648 unter Shajahan. Über den drei Kuppeln liegt ein rot-weißer Zickzackstreifen aus Sandstein und Marmor.

Rotes Fort

Drei Generationen von Moghulkaisern entfalteten in dieser Palaststadt mit ehedem 500 Gebäuden ihre Macht und Herrlichkeit: Akbar, der 1566 die Residenz von Delhi nach Agra verlegte; sein Sohn Jahangir; sein Enkel Shajahan, der 1639 alles rückgängig machte und den Bau des Roten Forts von Delhi anordnete. Das Fort ist stark verfallen. Von der *Strand Road* am Fluß aus gesehen folgen aufeinander die Ruinen der Paläste Akbars, Jahangirs und Shaja-

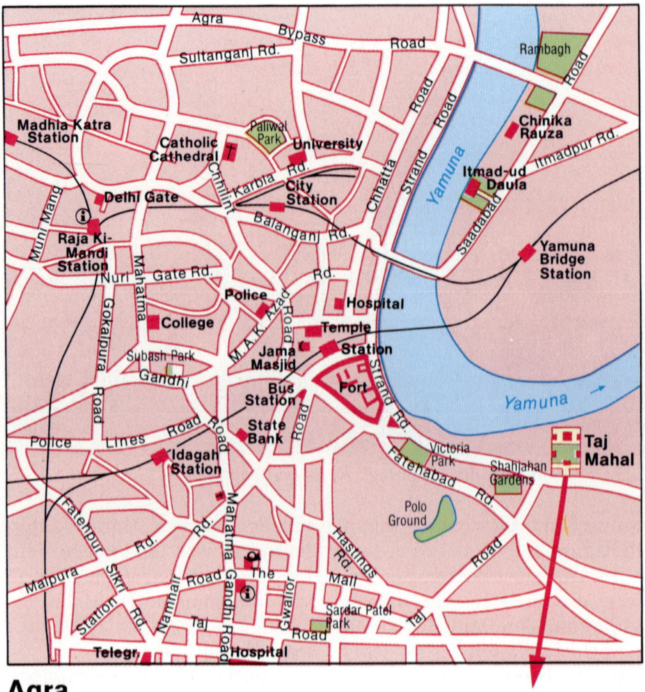

Agra

1 km

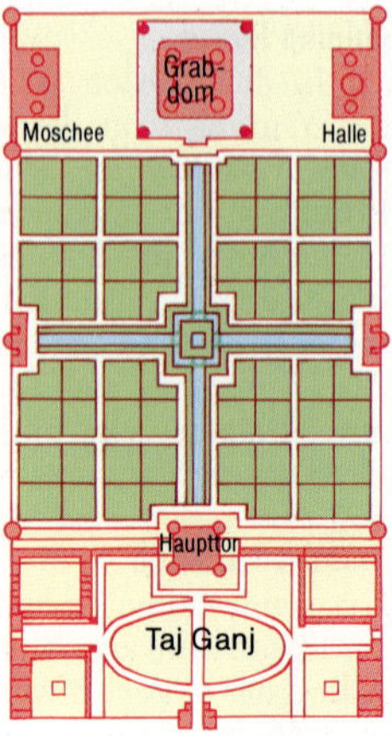

Taj Mahal

200 m

hans. Zwei Hallen dienten als türkisches Bad. Der achteckige Pavillon war das Haus der Kaiserinnen. Shajahans Marmorhalle mit dem schwarzen Thron auf der Terrasse folgt noch weiter nördlich. Das »Haus der Fische« und die Perlmoschee, *Moti Masjid*, liegen hinter dem Komplex der Paläste. Der Verfall ist allgegenwärtig. Restaurierungsarbeiten schreiten kaum voran. Der Blick zur Taj Mahal aber entschädigt für alles. *Tgl. von Sonnenauf- bis Sonnenuntergang*

Taj Mahal

★ Das Taj Mahal ist eines der zehn herausragenden Bauwerke der Welt. Doch es hat allen anderen eines voraus. Im Spiegel der Wasserbecken scheint das Mausoleum zugleich zu schweben und sich zu doppeln. Im hellen Marmor erstrahlt die Gesamtanlage, die aus den Gärten, der Moschee, dem Sarai und dem eigentlichen Grabbau besteht. Die Architektur ist von perfekter Symmetrie, Minarette in den vier Ekken des durch Abflachungen – eigentlich – achteckigen Mausoleums. Die Gräber der Kaiserin Mumtaz-i-Mahal und des Shajahan in der Krypta werden an Pracht noch übertroffen von den Scheingräbern in der Hauptkammer. Über allem ruht der zwiebelförmige Dom. Eine immense Zahl von Edelsteinen und Mosaiken – die edelsten der Welt – schmückt die Wände. In der dunklen Grabkammer aber ist der Pietraduraschmuck nur im Schein der – von Führern bereitgehaltenen – Taschenlampen zu erkennen. Links und rechts des Grabdoms stehen die heute verwendete Moschee und die Versammlungshalle, auch diese beiden roten Flügelbauten unterstreichen symmetrisch das Weiß des Mausoleums. Jeweils nach dem Stand der Sonne ändert das Taj Mahal sein Aussehen. Wer kann, sollte es zu mehreren Tageszeiten ansehen. Besonders schön sind die Vollmondnächte. Aus Sicherheitsgründen ist es zwar nicht mehr möglich, die ganze Nacht in den Gärten zu verbringen, aber an den vier Tagen vor und nach Vollmond ist die Anlage bis Mitternacht geöffnet. *Tgl. Sonnenaufgang bis 19.30 Uhr*

RESTAURANTS

Kwality

Viele indische und chinesische Spezialitäten. *Taj Road, Tel. 72525, Kategorie 2*

Sonam

Internationale Küche im Garten unter Zeltplanen. *Taj Road, Tel. 77039, Kategorie 1*

Taj Restaurant

Restaurant, Bar und Selbstbedienungscafeteria. *Westeingang zum Taj Mahal, Tel. 76644, Kategorie 2, 3 für Cafeteria*

EINKAUFEN

Cottage Industry

Knüpfteppiche und Dhurries. *Munro Road gegenüber Oswal Emporium*

Uttar Pradesh Handlooms

Edelsteine, Einlegearbeiten aus Lapislazuli und Perlmutt in Marmor – Sie werden direkt im Geschäft ausgeführt. *Sanjay Palace, Hari Parbat*

HOTELS

Clark's Shiraz Hotel
Komforthotel im schönen Garten mit Swimmingpool. *Taj Road, Tel. 72421, Kategorie 1*

Lauries Hotel
Freundliches, günstiges, aber leicht verfallenes Billighotel mit schöner Veranda. *Mahatma Gandhi Road, Tel. 72536, Kategorie 3*

The Taj View
Modernes Hotel der Taj-Gruppe, dessen Name hält, was er verspricht, jedenfalls auf einer Seite. *Fatehabad Road, Tel. 54171, Kategorie 1*

Welcomegroup Mughal Sheraton
Das beste, aber abseits gelegene Hotel von Agra. Schöne Gärten, preisgekrönte Architektur, Restaurant, Tennisplätze und Swimmingpool. *Taj Ganj, Tel. 64701, Luxuskategorie*

AUSKUNFT

Government of India Tourist Office
191, The Mall, Tel. 72377, Mo–Fr 9–17.30 Uhr, Sa 9–13 Uhr

ZIELE IN DER UMGEBUNG

Bharatpur
Nahe der 56 km westlich von Agra gelegenen Stadt ist das Keoladeo Ghana, eines der schönsten Vogelschutzgebiete Asiens, zu finden. Im September kommen Kraniche, Löffler, Kormorane und Störche auf der Migration hier durch. (C2)

Fatepur Sikri
Vor über vierhundert Jahren wurde die »Siegesstadt«, 36 km westlich von Agra, verlassen. Kaiser Akbar hatte sie 1569 bauen lassen, als neue Residenz, nachdem ihm entgegen der Weissagung ein Sohn geboren wurde. Nach seinem Tode aber wollte niemand in der sandsteinroten Stadt mit den weißen Marmorpalästen auf der wasserlosen Hochebene leben. (C2)

DELHI

In gewisser Weise ist auch die Hauptstadt mit über acht Millionen Einwohnern einer jener indischen Moloche. Aber man kann diese drittgrößte Stadt Indiens mit dem Status eines Territoriums als drei Städte erleben. Enge, verwinkelte Gassen prägen die Altstadt voller Basare und niedriger Wohnhäuser. Zwischen ihnen und innerhalb der Mauern des 17. Jhs. stehen das Rote Fort, die Moscheen und Tempel. Südlich schließt die weitläufige Neustadt, New Delhi, mit dem Connaught Place als Mittelpunkt an. Von diesem Zirkel strahlen die Hauptstraßen des neuen Delhi ab. Das Regierungsviertel, der Präsidentenpalast, die Ministerien und das Parlament reihen sich entlang der Prachtstraße Raj Path, englischer Kolonialstil inmitten weiter Boulevards und unendlicher Grünanlagen. Wiederum in Richtung Süden folgen die Wohn- und Diplomatenviertel, ein Indien, das es sonst nirgendwo gibt: Luxushotels, komfortable Villen und großzügige, baumbestandene Straßen.

Der Tourist mag es danken, daß die meisten Sehenswürdigkeiten in der weitausgedehnten Stadt auf dem relativ kleinen Gebiet am westlichen Ufer des Yamuna zusammengedrängt sind, Old Delhi und New Delhi unmittelbar nebeneinander liegen. So zeigt sich in diesen beiden Kernen ein Abbild des ganzen Indien: großzügige, westlich orientierte Pracht neben dem lauten, bunten Gedränge Asiens.

Und keine andere Stadt verkörpert so sehr wie Delhi die bewegte Geschichte des Landes. Sie war Hauptstadt mehrerer Reiche. Schon die im Epos Mahabharata erwähnte Residenz der Pandawa-Fürsten, das Indraprastha des 2. Jahrtausends v. Chr. mag im Raum des heutigen Delhi gelegen haben.

Die genaue Geschichtsschreibung begann indes erst im 11. Jh. n. Chr. mit dem Vordringen des Islam. Stadtmauern wurden errichtet, daher womöglich auch der Name Delhi, der sich aus dem Sanskritwort Delhali, Schwelle, ableitet.

Im 12. Jh. ließ sich Qutb-ud-Din Aibak zum ersten Sultan ausrufen. Er war der Begründer der sogenannten Sklavendynastie. Auf den Trümmern zerstörter Hindu- und Jain-Tempel ließ er 1193 die »Moschee der Macht des Islam«, die Qutb-ul-Islam-Masjid, 13 km südlich des heutigen Zentrums in der damals Lal Kot genannten Stadt erbauen. Ihr Minarett gilt heute als eines der Wahrzeichen Delhis.

Türkische Dynastien folgten auf die Sklavendynastie. 1398 fiel Timur der Lahme mit seinen gar nicht so lahmen Mongolenhorden ein und zerstörte alles. Afghanische Herrscher wiederum vertrieben die Mongolen. Stabilität brachte die erste Moghulenherrschaft. Sie begann 1526 als Babur 80 km nördlich in der Schlacht von Panipat siegte. Die Moghulen-Kaiser blieben, abgesehen von einem kurzen Interregnum und einer Zeit der Verlegung ihrer Residenz nach Agra, bis in das 18. Jh. Zu ihrer Zeit entstanden das heutige Alt-Delhi und die Prunkbauten wie das Rote Fort, die Freitagsmoschee sowie das Grabmal Humayuns.

Abermals aber wurde die Stadt 1734 zerstört. Der Perser Nadir Shah plünderte sie und ließ den berühmten Pfauenthron sowie den Koh-i-Noor-Diamanten als Kriegsbeute nach Persien schaffen. Von dem Sieg der Perser konnten sich die Moghulen nicht mehr erholen. 1803 eroberten die Briten Delhi, Mitte des Jahrhunderts brachten sie den letzten Moghul-Kaiser, Bahadur II., nach Burma, wo er in Gefangenschaft starb. 1911 machten sie Delhi zur Hauptstadt dieser größten Kolonie der Welt; das weitläufig geplante Neu-Delhi entstand. Nach der Unabhängigkeit wurde Delhi 1947 auch Hauptstadt der Indischen Union. (C2)

BESICHTIGUNGEN

Chandni Chowk

Zwischen Rotem Fort und Fatepurimoschee erstreckt sich die Straße des Silbermarktes mit den kleinen Schmieden und – Tourismus! – allerlei Kunsthandwerksbetrieben. Hier ist man schon mitten drin: Bettler und Barbiere, Händler und Heilige versuchen die Aufmerksamkeit des Fremden zu erschreien. Der muß sich vorsehen, im Gedränge von Bussen und Ochsenkarren nicht überrollt zu werden.

Gandhi-Denkmal

Einmal sollte jeder ihn gesehen haben, den Vordenker des gewaltfreien Widerstandes, zumal sein Denkmal sich mit seiner Bescheidenheit von den Siegerposen anderer Staatsgründer aufs vorteilhafteste unterscheidet. *Sadar Patel Marg, Ecke Willington Crescent Road*

Grab des Humayun

So ähnlich, nur größer und prächtiger, wurde später auch das Taj Mahal gebaut: ein quadratischer Sandsteinbau um die achteckige Grabkammer des Moghul-Kaisers Humayan und etlicher seiner Nachfolger, darüber eine 43 m hohe, marmorne Doppelkuppel, ringsherum schöne Gärten. *Losi Road, südlich des Zoo*

India Gate

Indiens Arc de Triomphe – für die 70 000 Soldaten, die im Dienste der britischen Kolonialmacht im Ersten Weltkrieg fern ihrer Heimat fielen. *Am Ostende des Raj Path*

Jama Masjid

So wichtig ist sie, daß in ihr Reliquien des Propheten Mohammed aufbewahrt werden: ein Haar aus seinem Bart, ein Paar Sandalen, zwei von Verwandten geschriebene Korane und ein Fußabdruck in – oh, Wunder – einem Marmorstein. So schön ist sie, daß sie, wären Moscheen Edelsteine, als der Koh-i-Noor-Diamant angesehen werden müßte. So groß ist sie, daß ihr Hof fast 100 mal 100 m mißt. (Und so heiß ist ihr Steinboden, daß für Touristen wegen der muselmanischen Vorschrift, die Schuhe abzustreifen, Pantoffeln – Trinkgeld! – bereitgehalten werden). Die Freitagsmoschee, erbaut von Shajahan, dem Enkel des Akbar, der sich schon in Agra mit dem Taj Mahal verewigt hatte. Schwarzer und weißer Marmor, roter Sandstein, drei Treppenaufgänge, drei Kuppeln über dem zweischiffigen Gebetshaus, zwei Minarette, ein Waschteich in der Mitte des Hofs und in der Nordostecke der Pavillon mit den besagten Reliquien (beharrlich geforderte Extraspende für das Öffnen des Schreins) – sie wurde zur Krönung der neuen Hauptstadt Shajanabad, dem heutigen Alt-Delhi um 1656 vollendet. Zunächst hieß sie Masjid-i-Jahanuma, die Moschee mit dem Blick auf die Welt. Von ihr aus ließ sich auf die Weite des Riesenreiches blicken. Und vielleicht ist das heute noch das Wunderbarste an ihr: Man kann auf eines der beiden 40 m hohen Minarette steigen und ganz Delhi erblicken. *Zwischen Chwari Bazar und Netaj Subhash Marg, tgl. 7–12 u. 14–17 Uhr*

Purana Quila

Auf einer kleinen Anhöhe steht das Alte Fort, die Festung des afghanischen Herrschers Sher Shah Su im frühen 16. Jh. Mauern, Arkaden und Torbögen sind erhalten. Die Moschee im Inneren ist ein früher Moghulbau. Die steile Treppe des achteckigen Sandsteinturms wurde Humayun zum Verhängnis. Dem Ruf des Muezzin folgend eilte er aus seiner im Turm gelegenen Bibliothek, stürzte ab und starb – jedenfalls den Erzählungen zufolge. *Zwischen India Gate und Zoo, tgl. 7–12 Uhr u. 14–17 Uhr*

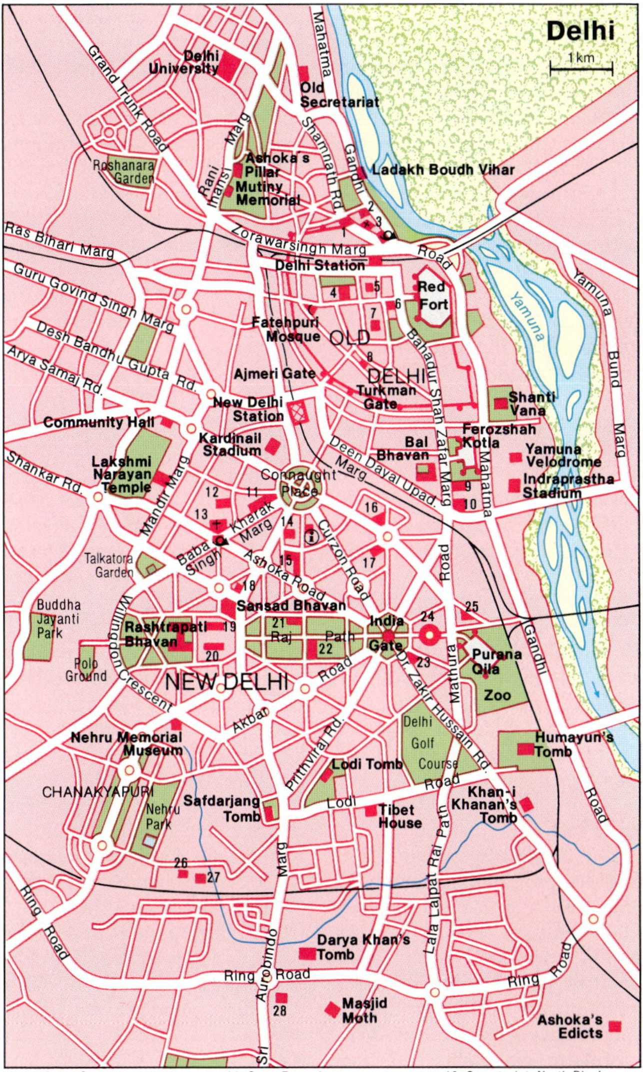

1 Kashmiri Gate
2 Bus Terminal
3 St. James' Church
4 Delhi Municipal Corporation and Town Hall
5 Bhagirath Palace
6 Digamber Jain Temple
7 Jama Masjid
8 Razia Begum's Tomb
9 International Dolls Museum
10 Gandhi Memorial Hall
11 State Emporia
12 Overseas Communications Service
13 Sacred Heart Cathedral
14 Jantar Mantar
15 Tibetan Market
16 Museum of Natural History
17 Lalitkala Gallery
18 All India Fine Arts & Crafts Society
19 Secretariat, North Block
20 Secretatiat, South Block
21 National Archives
22 National Museum
23 National Gallery of Modern Art
24 National Stadium
25 Crafts Museum
26 Delhi Flying Club
27 Delhi Gliding Club
28 All India Institute of Medical Sciences

Qutb Minar
Das Minarett des ersten Sultans von Delhi, ein architektonisches Juwel aus dem 13. Jh.: 73 m hoch, unten ein Durchmesser von 14,5 m, oben ein verjüngter von 2,5 m. Umlaufende Ornamentbänder und Inschriften zeigen, daß sie zugleich Siegesturm wie Minarett der Moschee der Macht des Islam war. Die Eisensäule im Hof der Moschee muß rückwärts so mit den Armen umfaßt werden, daß die Fingerspitzen einander berühren. Wer's schafft, dem steht das Glück zur Seite. *Sri Aurobindo Marg, 13 km südlich des Zentrums*

Rashtrapati Bhavan
Der Präsidentenpalast wurde 1920 als Residenz für den englischen Vizekönig inmitten von Moghulgärten gebaut. Beiderseits des hier beginnenden Raj Path stehen die anderen Kolonialbauten, das Regierungsgebäude, der Amtssitz des Premierministers, das Parlament sowie das heutige Nationalmuseum. *Innenräume unzugänglich*

Rotes Fort
★ Die Perser trugen den Thron und den größten Diamanten davon, die Briten brachen Spiegel, Halbedelsteine und das Silber von Wänden und Decken. Doch das Lal Qila steht. Und über dem Mittelbogen des Diwans für Privataudienzen ist in einer Marmorplatte eingeschrieben, was Shajahan über seinen neuen Palast dachte: »Wenn es ein Paradies auf Erden gibt, so ist es hier, hier, hier.« Heute beeindrucken eher die Ausmaße der gewaltigen, zwischen 1639 und 1648 errichteten Festung. Fast 2,5 km ziehen sich die gewaltigen Außenmauern um eine Vielzahl von Palästen, Pavillons, Moscheen und Gärten.

Durch das Lahore-Tor gelangt man in das Fort, zuerst auf eine überdachte Basarstraße. Am Ende des Hofs steht der Musikpavillon, wo früher die Besucher vom Elefanten oder Pferd steigen mußten. Im gegenüberliegenden Diwan-i-Am hielten die Moghul-Kaiser öffentliche Audienzen ab.

Der Weg durch die nordöstlichen Gärten führt zum Diwan-i-Khas, der privaten Audienzhalle. Hier stand der Pfauenthron aus massivem Gold und voller Edelsteine, den noch Shah Resa Pahlevi bis in jüngste Zeit in Persien benutzte. Neben dem Diwan schließen die Privatgemächer der Moghulen an.

Weiter nördlich liegt das Hamam; immerhin wurde das kaiserliche Bad nicht der schönen Einlegearbeiten von Halbedelsteinen in Marmor beraubt. An der gegenüberstehenden Perlmoschee, der Moti Masjid, fehlen die vergoldeten Kupferplatten der Zwiebelkuppel, ansonsten ist die Eleganz des zierlichen Gebetshauses erhalten. »Garten der Lebenslust« und »Mondscheingarten« heißen die Parks, in die es von der Moschee aus geht.

Südlich des Diwan-i-Khas und der Privaträume steht der Rang Mahal, der Farbenpalast der Frauen. Auch sie konnten dem Treiben am Hofe zusehen: durch die Gitterfenster ihres goldenen Käfigs. Der Kaiser aber zeigte sich dem Volk vom Muthamman Burj, dem Pavillontürmchen. Das noch ein wenig weiter südlich gelegene Mumtaz Mahal war der Palast der Prinzessinnen und beherbergt heute ein Museum für Archäologie. Es gilt der Phantasie freien Lauf zu lassen: Seidendächer überspannten die Hallen, der »Strom des Paradieses« wurde in einer 80 km langen Leitung vom sauberen Oberlauf des Yamuna zur Kühlung durch die Paläste geleitet, überall glitzerten Gold, Silber und Edelsteine – nichts aber ist von dieser märchenhaften Prachtentfaltung mehr zu sehen. *Am Ostende der Chandni Chowk, tgl. Sonnenauf- bis Sonnenuntergang*

Tughlaqabad

Das Ruinenareal der nur für kurze Zeit Anfang des 14. Jhs. bewohnten Stadt ist heute das Domizil ganzer Affenfamilien, aber auch ein Refugium für Schlangen. *Östlich des Qutb Minar*

MUSEUM

Gandhi National Museum and Library

Ein Leben in freigewählter Armut und Askese – hier ist es bis zum blutigen Lendentuch, das Gandhi bei seiner Ermordung trug, dokumentiert. *5, Tees Janaura Marg, tgl. außer Mo 9.30–17.30 Uhr*

RESTAURANTS

Dum Pukht

Echtes Nobelrestaurant im Sheraton Hotel: Nawab-Gerichte aus Lucknow. Die fürstlichen Speisen werden in geschlossenen Töpfen im eigenen Saft langsam gegart. *Welcomegroup Maurya Sheraton, Diplomatic Enclave, Tel. 3 01 01 01, Luxuskategorie*

Dynasty

Authentische chinesische Gerichte aus Kanton und Szechuan. *M-17 Connaught Circus, Tel. 3 32 11 02, Kategorie 1*

Fishermen's Wharf

Fisch und Meeresgetier – aus Madras immer frisch per Luftfracht geschickt. *A-1 Moolchand Shopping Komplex, Defence Colony, Tel. 69 81 23, Kategorie 1*

Gaylord

Indische und europäische Küche, ein sehr beliebter Treffpunkt der Einheimischen. *16 Regal Building, Connaught Place, Tel. 31 07 17, Kategorie 1*

Nirula's

Beliebter indischer und europäischer Imbiß. Nirula's am L-Block des äußeren Kreisel des Connaught Circus ist die Hauptgaststätte; neben ihr *Nirula's Eiscafé* und *Nirula's Pizzeria*; über dem Eiscafé das *Pot Pourri*, ein Restaurant zum hinsetzen mit Salatbar, morgens reichhaltigem amerikanischen Frühstück; ein weiterer Nirula's Imbiß findet sich am N-Block, wo der Janpath auf den Kreisel stößt. *Connaught Circus, Kategorie 2*

Wimpy's

Nicht Ham-, aber Lammburger – die englische Kette mußte sich nur unwesentlich in der ehemaligen Kolonie adaptieren. *5 Janpath, Connaught Place, Kategorie 3*

EINKAUFEN

In den Gassen um den Silbermarkt der *Chandni Chowk* läßt sich alles finden, was Indien zu bieten hat, und dies ohne

Schwierigkeiten, denn Schlepper bringen Sie hin. Intarsien, Schmuck, Seiden und Teppiche können erstanden und erhandelt werden.

Central Cottage Industries Emporium
Alles, was auf den Basaren zu kaufen ist, findet sich auch hier, Saris, Antiquitäten (nicht älter als hundert Jahre), Silber (mit Ausfuhrgenehmigung der Regierung), Stoffe, Teppiche und Kunstgegenstände. Nur im Emporium sind Preise festgelegt, Qualitäten garantiert und der Versand in alle Welt zuverlässig. Dafür ist auch alles ein wenig teurer. *Janpath*

Galgotia & Sons
Alte, auf Kunst und Geschichte spezialisierte, zum Stöbern einladende Buchhandlung. *17-B Connaught Place*

Ladakh Art Gallery
Antiquitäten (echte) und Kunstgegenstände. *10 Sunder Nagar Market*

Tribhovandas Bimji Zaveri
Hochwertige Juwelen und Schmuck. *2 Scindia House, Janpath*

SPIEL UND SPORT

Delhi Golf Club
Golf auf zwei Plätzen mit 9 bzw. 18 Greens – geringe Gastgebühr. *Dr. Zakir Hussain Marg, Tel. 69 92 39*

Delhi Tennis Association
Rasentennis, allerdings zum Preis einer etwa 75 Mark teuren, vorübergehenden Mitgliedschaft. *Africa Avenue, Tel. 65 39 55*

AM ABEND

Ghungroo
Die Disko mit Lichtorgel und gläserner Tanzfläche im *Sheraton Hotel. Sardar Patel Marg, Diplomatic Enclave*

Indian National Theatre
Klassisches Theater. *4 College Road, Tel. 38 43 07*

Parsi Anjuman Hall
Klassische Tänze und Volkstänze. *Tgl. 19–20 Uhr und 15 Uhr, Bahadur Shah Zafar Marg, Tel. 27 59 78 und 3 31 72 28 (abends)*

Shakuntalam Theatre
Theater und ausländische Filme. *Pragati Maidan, Tel. 3 31 16 18*

AUSKUNFT

Government of India Tourist Office
Mo–Fr 9–18, Sa 9–13 Uhr, 88 Janpath und Flughafen, Tel. 3 32 00 08

JAIPUR

Nicht immer war die rosane Stadt (970 000 Ew.) von dieser Farbe. Grau wurden die Häuser gestrichen, allenfalls mit weißen Schmuckrändern versehen. 1883 aber besuchte Prinz Albert die heute in vier Stunden von Delhi zu erreichende Hauptstadt Rajasthans. Um ihn willkommen zu heißen, legten die Bürger die traditionelle Grußfarbe auf, seither schimmert alles in Rosa. Eigentlich eine unerwartet zarte Farbe. Rajasthan heißt nichts anderes als »Königsland«, bestand aber bis zur Unabhängigkeit Indiens aus 23 Fürstentümern, beherrscht von kriegerischen Prinzen, deren Motto sich

Geschaffen für den Blick hinaus: der Palast der Winde in Jaipur

nicht wesentlich von dem mittelalterlichen, europäischen »Tu oder stirb« unterschied. In Jaipur tragen die Männer Turbane, die Frauen lange, schwingende Röcke. Hier, nahe der Wüste, stehen die Glitzerpaläste derer, die einst vom Karawanenhandel profitierten. Etliche dieser Paläste sind heute Hotels. Jaipur, eine Maharaja-Gründung, ist indes eine Maharaja-Stadt geblieben. 1948 sollten die alten Stadtmauern und die Arkadengänge modernen Bauten weichen. Doch mit den Worten, »was Jaipur angetan wird, ist ein Sakrileg«, stoppte Staatspräsident Nehru persönlich den Abriß. Bis heute sind die Hausbesitzer in der Altstadt zum Erhalt und zur Pflege ihrer Gebäude verpflichtet. Zu ebener Erde freilich ist viel Platz für Teppich- und Juwelierhändler. Südöstlich der ummauerten Altstand sind jene traditionellen Handwerker zu Hause, die noch Edelsteine ohne Maschinen schleifen. Und dort wohnen auch die Elefanten – die tagsüber die Touristen zum Palast von Amber hinauftragen. (C2)

BESICHTIGUNGEN

City Palace

Man sieht ihn, weil er ein Siebtel der Altstadt umfaßt. Man sieht ihn nicht, weil das sieben Etagen hohe Hauptgebäude *Chandra Mahal* heute noch von der Maharajafamilie bewohnt und teils unzugänglich ist. Zwei Audienzsäle, Pfauen- und Messingtore können bestaunt werden, wie auch zwei mannshohe Silbergefäße, die Maharaja Sawai Madho Singh II. im Jahre 1902 nach London brachte – gefüllt mit »reinem« Gangeswasser. *Museumsteil des Palastes tgl. 9.30–16.45 Uhr*

Hawa Mahal
Das Wahrzeichen der Stadt, der Palast der Winde, ist von Maharaja Sawai Pratap Singh 1799 erbaut worden, ohne einer bekannten indischen Stilrichtung zu folgen. Dies hatte nur einen Zweck: Die Hofdamen sollten von den Erkern durch die Gitterfenster das Leben außerhalb des Palastes beobachten können, ohne gesehen zu werden. Just dies läßt sich heute tun, indem man ganz nach oben steigt. *Tgl. 10 bis 16.30 Uhr, Fr geschl.*

Jantar Mantar
Nahe dem Stadtpalast steht das Freiluft-Observatorium des Jai Singh II: aus dem frühen 18. Jh., ein Ort voller Kuriositäten aber auch exakter Instrumente zum Messen der Sonnenzeit und der Läufe der Sterne. *Tgl. 9–16.30 Uhr*

RESTAURANTS

In den großen Hotels und ihrer Umgebung finden sich einige der besten Restaurants Indiens mit chinesischer und der kaiserlichen Moghulküche.

Chanakya
Vegetarisch. *Mirza Ismail Road, Tel. 78461, Kategorie 2*

Golden Sand
Tandoori- und Moghulgerichte in heller erster Etage über der Straße. *4 Sansar Chandra Road, Tel. 70531, Kategorie 1*

Niro's
Klimatisiertes Restaurant mit europäischen und chinesischen Gerichten. Tandoori und andere indische Gerichte aber haben es zum beliebtesten der Stadt gemacht. *Mirza Ismail Road, Tel. 74493, Kategorie 1*

EINKAUFEN

Jaipur ist ein Einkaufsparadies mit unzähligen Läden. Vom fliegenden Händler bis zum Juwelier mit bewaffneten Wächtern verstehen es die Geschäftsleute hier um einiges besser, die westliche Kundschaft zu verführen. Die meisten Geschäfte finden sich in der *Mirza Ismail Road (So geschl.)*, Textilien im *Nehru Bazar (Mo geschl.)*, Juwelen und Kleidung im *Johari Bazar (Di geschl.)*.

Jewels and Art Emporium
Gefaßte und lose Edelsteine. *Mirza Ismail Road, gegenüber der Post, Tel. 67281*

Rajasthan Government Handicrafts Emporium
Das riesige Angebot von Jaipurs 50000 Handarbeitsbetrieben – zu Festpreisen. *Mirza Ismail Road, Tel. 67176*

Rakyan's
Rakyan's zahlt keine Schlepper, so daß man den Juwelier selber finden muß. Aber man kann sich ohne Druck alles ansehen und sogar ins Hotel schicken lassen. *Mirza Ismail Road, Tel. 75767*

HOTELS

Endlich einmal im Palast eines Maharajis wohnen? Hier ist der richtige Ort. Sieben stehen zur Wahl.

Bissau Palace
Außerhalb des Chandpole Gate in der Altstadt gelegener intimer

Palast mit Bibliothek, Waffenkammer, Schwimmbad, Gärten, Blick auf den Amber Palace und leider leicht heruntergekommenen Zimmern. *Chandpole Bazar, Tel. 741 91, Kategorie 3*

Hotel Samode Palace
Um den Innenhof des 40 km von Jaipur entfernten Sitzes des früheren Premierministers lebt die hoheitliche Vergangenheit: Bögengänge, die alten Möbel, riesige Zimmer, Blumenfresken an den Wänden. *Samode District, Jaipur, Tel. 34, Kategorie 2*

Jai Mahal Palace Hotel
Pfauen auf den Rasen, Dachterrasse, Pool und Pferdeställe, sowie charmante Zimmer mit allem Komfort. *Jacob Road, Civil Lines, Tel. 6 83 81, Kategorie 1*

Kanota Castle
200 Jahre altes Fort. *15 km von Jaipur an der Straße nach Agra, Tel. 46 34 48, Kategorie 2*

Narain Niwas Palace Hotel
Etwas abblätternder Maharaji-Charme in 22 »air cooled« (Ventilatoren) Zimmern mit Kaminen und wunderbar hohen Dekken. Swimmingpool im Garten. *Narain Singh Road, Tel. 56 34 48, Kategorie 2*

Rajmahal Palace
Winzig klein mit schönem Garten. *Sardar Patel Marg, Tel. 61 25 79, Kategorie 1*

Rambagh Palace
Der Maharaja von Jaipur hat ihn – sicher nicht ganz uneigennützig – hergegeben und der Palast wurde zu einem der besten Hotels von Indien: aller Komfort zwischen Golfplatz, Swimmingpool im Glashaus, Kunst und Blumengebinden. Der Dom des Restaurants ist angemessen mit goldenem Brokat ausgekleidet. *Bhawani Singh Road, Tel. 52 12 41 o. 751 46, Luxuskategorie*

AM ABEND

Raj Mandir
Einer der größten Filmpaläste Indiens mit den schaurig-schönen Schinken der riesigen Filmindustrie. *Bhagwan Das Road*

AUSKUNFT

Government of India Tourist Office
Hotel Khasa Kothi, Tel. 722 20, tgl. 9–18 Uhr

ZIELE IN DER UMGEBUNG

Amber
★ Nordöstlich von Jaipur liegt inmitten einer kargen Gebirgslandschaft der fabelhafte Palast von Amber. Maharaja Man Singh, ein Zeitgenosse des Moghul-Kaisers Akbar, ließ ihn Anfang des 17. Jhs bauen. Seine Nachfolger fügten Um- und Neubauten hinzu. Nie bedroht und nie besiegt steht er heute noch als einer der glorreichsten Paläste Indiens. Vom Fuß des Berges geht es auf Elefantenrücken hinauf. Billig ist das Vergnügen nicht, immerhin benötigt eine Elefantendame hundert Kilo Futter am Tag. Die Treiber haben überdies ihr Vergnügen daran, den meist unwissenden Touristen weiszumachen, sie müßten sich vom Rüssel des Tieres auf dessen Nacken heben lassen. Einfacher ist es, die Steinstufen zu benutzen.

Auch der Palast ist von Elefanten gesäumt, von steinernen auf Marmorsäulen, und sie tragen Lotusblüten in den Rüsseln. Das Tor, Ganesh Pol, ist mit 300 Jahre alten Gemälden verziert, der anschließende Hof von einem Garten im Muster eines Perserteppichs ausgerichtet.

Der Jai Mandir ist ein Glaspalast voller Spiegel und mit einer konkaven Decke, in der die Kerzen der Führer sich tausendfach reflektieren. Auf der Rampe zwischen den Wohnräumen des Maharajas wurden die Frauen und Konkubinen auf Rikshas umhergefahren. Und aus den filigranen Marmorfenstern kann man wie einst die Maharani ungesehen in den öffentlichen Hof hinausspähen. Kühl hatte es der Maharaja auch. Hinter dem Innenhof fließt Wasser durch eine marmorne Rinne, der Wind bläst einige Grade kälter durch die Marmorgitter dahinter. *11 km nordöstlich des Zentrums von Jaipur.*

Sariska National Park

Tiger, Leoparden, Wildhunde, Nilgau und Gefleckte Rehe können in dem 480 qkm großen Naturpark *110 km nordöstlich von Jaipur* beobachtet werden. Jeepverleih am Hotel *Sariska Palace.*

Den Karawanen von einst preßten die Gründer von Jaisalmer Zölle ab

JAISALMER

Eine Fata Morgana, durch 300 km Dünen und Geröll von der nächsten größeren Stadt, Jodhpur, getrennt. Gelbe Mauern umgeben sie, kaum 20 000 Menschen leben in ihr – die »Goldene Stadt« Jaisalmer. Hätte Indien diesen westlichsten Außenposten an der alten Handelsstraße nach Zentralasien nicht wegen der strategischen Bedeutung im Krieg mit Pakistan gehalten, dann wäre sie vielleicht unter den Wanderdünen verschwunden. So aber blieb sie wie ein lebendiges Museum erhalten, voller Zeugnisse der Bhatis, die sie vor 800 Jahren gründeten und mit den erzwungenen Zollabgaben der vorbeiziehenden Karawanen ausbauten. (B2)

BESICHTIGUNGEN

Fort

Innerhalb der Altstadt ragt der siebenstöckige Palast mit mehreren Jain- und Hindutempeln auf, ein Labyrinth von 80 m Höhe.

Garhisar-See

Aus dem 14. Jh. stammt der künstliche, von Hindutempeln und Pavillons umgebene See. Das Tor auf der Straße zum See stiftete angeblich die Kurtisane Telia. Als das ruchbar wurde, wollte die königliche Familie es abreißen lassen. Doch Telia, wohlwissend, daß sich niemand an einem Heiligtum vergehen würde, ließ eine Krishnastatue auf dem Tor aufstellen.

Havelis

Die Häuser der reichen Händler und Nobilitäten sind von einer sonst nirgends so reichhaltigen Verzierung übersäht. Figuren, Fensterrahmen, Balkons und Ornamente weisen eine sagenhafte Kunstfertigkeit in Steinmetzarbeiten auf. Kleine Geldgeschenke öffnen zudem manches Tor und geben den Blick auf die Wasserspeier und Wandverzierungen der dreihundert Jahre alten Häuser frei.

RESTAURANTS

Narayan Niwas Palace

Alte Karawanserei. *Malka Road, Kategorie 1*

Trio

Chinesische, europäische und indische Küche. *Amar Singh Pol, Gandhi Chowk, Kategorie 2*

HOTELS

Jaisal Castle

Eine kleine Burg mit zehn Gästezimmern und Blick auf die Wüste. *168 Fort, Tel. 23 62, Kategorie 2*

Jawahar Niwas Palace

Schönes altes Haveli mit antiker Einrichtung, auch Art-deco-Möbeln. *Amar Sagar Road, Tel. 22 08, Kategorie 2*

AUSKUNFT

Tourist Office Government of Rajasthan

Tgl. 8–12 u. 15–18 Uhr, Amar Sagar Road, Tel. 24 06

ZIELE IN DER UMGEBUNG

Wüste Thar

Die Wüste muß auf dem Wüstenschiff entdeckt werden: Kameltouren von Tages- bis Wochenlänge in die Ursprünglichkeit der Wüste Thar und ihre Dörfer werden von Führern ge- und Köchen begleitet, ein wirkliches Abenteuer in eine kaum von der Zivilisation berührte Welt. Längere Touren sind schon deshalb empfehlenswert, weil es einige Zeit dauert, sich an den Paßgang zu gewöhnen. Und: Bessere Führer meiden die bereits ausgetrampelten Pfade.

JODHPUR

Auch die Großstadt, über 500 000 Ew., am Rande der Großen Indischen Wüste, errötet im zarten Pink des traditionellen Willkommensgrußes, aber allerdings hier wegen der Farbe des Sandsteins, aus dem viele Häuser gebaut sind. Eine 10 km lange Mauer umschließt die Stadt, deren Blumenpracht, künstliche Seen und Gärten man einfach nicht glauben mag, wo doch das Land dahinter karg ist wie der Mond. Um so phantastischer wirkt auch das *Mehrangarh Fort*, die mittelalterliche Trutzburg, die Jodhpur beherrscht. (B2)

Auf dem Markt von Jodhpur

SEHENSWÜRDIGKEITEN

Mandore

Der Park war einst die Hauptstadt des Marwar. Davon ist nicht mehr viel zu sehen, wohl aber von den 300 Millionen Göttern – riesige bemalte Figuren, manche derart Lage auf Lage mit Silberfarbe bedeckt, daß sie wie überdimensionale Aluminiumfolienverpackungen aussehen. *8 km nördlich der Stadt*

Mehrangarh Fort

36 Sati-Hände am Loha Pol, dem Eisentor, zeugen von einem Ritual, das die Briten 1829 verboten, das aber bis heute ausgeübt wird, der Witwenverbrennung. Wenn ihre Gemahle im Kampf fielen (oder sonstwie starben), mußten die Frauen ihnen folgen. Bevor sie auf den Scheiterhaufen gingen, legten sie eine Hand in rote Farbe und drückten sie zum Abschied an die Mauer. Sati oder Satay ist übrigens dasselbe Wort, mit dem auch die kleinen Grillspießchen der Imbisse gemeint sind. Auch sonst ist das 150 m hoch gelegene Fort ein Ort des Grauens. Die Marwar-Herrscher hatten den Status von Maharajas und taten alles, um den Moghul-Kaisern von Agra und Delhi zu trotzen. Innen indes überrascht die Zartheit und Harmonie der Steinschnitzarbeiten, der marmorne Krönungsthron mit den goldenen Elefanten und das Samtzelt. *Tgl. 9–17 Uhr*

RESTAURANT

Kalinga

Authentische nordindische Küche. *Im Ardash Niwas Hotel, Station Road, Tel. 2 73 13, Kategorie 2*

EINKAUFEN

Die Spezialitäten sind Reithosen, Karawanenausrüstungen und jene »tie-dye« Hemden, die Hippies in den siebziger Jahren überall auf der Welt trugen. Auf dem *Sardarpura-Basar* findet sich alles.

HOTELS

Ajit Bhawan
Empfehlenswert die Steinhäuschen – Cottages – im Garten. *Nahe Cicuit House, Tel. 20409, Kategorie 2*

Marudhar International Hotel
Einfache Zimmer um einen Garten. *Raikabagh, nahe der Bahnstation, Tel. 342006, Kategorie 3*

Welcomegroup Umaid Bhawan
Ultraluxus und Kitsch im – 1942 vollendeten – Maharajapalast, mit Restaurants, unterirdischem Swimmingpool und Kino. *Umaid Bhawan Complex, Tel. 22316, Kategorie 1*

AUSKUNFT

Tourist Information Bureau
High Court Road, Tel. 25183

KHAJURAHO

★ In einem der unbedeutendsten Dörfer (2500 Ew.) Indiens finden sich die bedeutendsten Tempel und Statuen. Khajuharo war vor tausend Jahren die Hauptstadt der Chandella-Dynastie. Sie schuf 85 Tempel, von denen 22 noch erhalten sind und im 19. Jh. wieder entdeckt wurden. Es war eine Blütezeit der Architektur und Bildhauerei – und einer unverklemmten Erotik, die zu jener Zeit sonst als irdisches Symbol für die höchste Unreinheit, die der Vereinigung von Mann und Frau, angesehen wurde. (C/D3) *Tgl. Flüge von Delhi, Agra* und *Varanasi*. Bahn: *Delhi bis Jhansi, dann fünf Std. Busfahrt.* Tanzfest: irgendwann zwischen *1. und 20. März*

HOTELS

Hotel Temple
Einfache indische Herberge – Warmwasser kommt nur im Eimer. *Kategorie 3*

Jass Oberoi Hotel
Fast luxuriös – auf jeden Fall für diese abgelegene Ortschaft. *Tel. 2085, Kategorie 1*

AUSKUNFT

Government of India Tourist Office
Nahe den westlichen Tempeln. *Tel. 2047*, Vermittlung kundiger (und amtlicher) Führer.

MOUNT ABU

Die farbenprächtige Stadt Mount Abu (14000 Ew.) ist zugleich das wichtigste Pilgerziel der Jains und ein beliebter Erholungsort wegen der Kühle der Höhenlage von 1200 m. Ziel der Jains sind die der Stadt entfernten weißen Marmortempel Dilwara *(tgl. 12–18 Uhr)*. Der schönste ist der *Vimal-Vasahi-Tempel* aus dem 11. Jh. Nordwestlich des Basars von Abu liegt der *Nakhi-See*, wo man sich Ruderboote ausleihen kann, um den *Raghunath-Tempel* und mehrere der abgelegenen, stillen Einsiedeleien am See zu besichtigen. (B3)

Stätten der unverklemmten Erotik: Hindutempel von Khajuraho

RESTAURANT

Handi
Gerichte aus metallenen Handis (Töpfen), nichtvegetarisch. *Im Hillton Hotel, Kategorie 2*

HOTELS

Hillton Hotel
Cottages mit runden Betten – beliebt bei indischen Hochzeitsreisenden. *Tel. 137, Kategorie 2*

Palace Hotel
Wunderschöner, großzügiger Palast des ehemaligen Maharaja von Bikaner. *Dilwana Road, Tel. 21, Kategorie 2*

AUSKUNFT

Rajasthan Tourism Development Corporation
Vermittlung von Tempelführungen. *Tgl. 8.30–11 und 14–19 Uhr, Tel. 51*

PUSHKAR/AJMER

Einmal im Jahr kommt Pushkar bei Ajmer (340 000 Ew.), ansonsten verschlafen und nur wegen des seltenen Brahma-Tempels sehenswert, zum Leben, am Kartik Purnima. Das ist das Herbstfest zum ersten Vollmond des Novembers. Hindi-Pilger baden zum Sonnenaufgang im heiligen See, beten und singen den Tag über in den Tempeln und setzen nachts kleine Kerzen auf Blätter, die im See treiben. Zudem ist Rindermesse und Kamelmarkt, rund 100 000 Kamele wechseln in den zwei Wochen des Festes die Besitzer. (B 2)

HOTELS

Sarovar Tourist Bungalow
Hübsch am See gelegener ehemaliger Maharaja-Palast, das Restaurant serviert vegetarische Speisen. *Tel. 40, Kategorie 2/3*
Zum Fest Kartik Purnima werden Zelte für Touristen aufgestellt. Kategorie 3

SANCHI/BHOPAL

Keine Angst, die Giftwolke von Bhopal ist längst verflogen und ohnehin liegt Sanchi noch 67 km von der Großstadt mit Flughafen und Schnellzugbahnhof entfernt. Das kleine Sanchi ist der bedeutendste Pilgerort für Buddhisten aus der ganzen Welt. Hier wurden Buddha und seine beiden Jünger Sariputta und Mahamogellana beigesetzt. Die Stupas, tumulusähnliche Reliquienbehälter, von Sanchi sind die besterhaltenen und schönsten des frühen Buddhismus. Kaiser Ashoka ließ die ersten im 3. Jh. v. Chr. bauen. Bis ins 12. Jh. folgten etliche andere sowie Klöster und Tempel.

Erst das Vordringen des Islam und das Wiedererstarken des Hinduismus beendeten 1500 Jahre buddhistischen Kults. Die Steinsäule auf der 13 m hohen, über 2000 Jahre alten Großen Stupa symbolisiert den Buddhisten die Weltachse. (C 3)

RESTAURANT & HOTELS

Buddhist Guest House
Die Mönche nehmen Gäste auf, schriftliche Vorbestellung auch von Mahlzeiten ist aber nötig. *Bhiku-in-Charge, Mahabodhi Society, Sanchi 46 46 61, Kategorie 3*

Travellers Lodge
Veranda mit Blick auf die antiken Schreine. *Tel. 23, Schriftliche Reservierung: Manager, Reservations, MPSTDC, 4th floor, Gangotri, T.T. Nagar, Bhopal 46200, Kategorie 3*

UDAIPUR

Die letzte fruchtbare Oase (230 000 Ew.) vor den Wüsten Rajasthans ist auf allen Seiten von Bergen umgeben. Von denen kommen die Bäche, die Udaipurs drei künstliche Seen speisen, Seen, die der Stadt auch den Beinamen »Venedig des Ostens« erlauben. Udaipur ist groß, schön und farbenprächtig. Als Zeichen für eine Hochzeit malen die Bewohner einen Elefanten und ein Pferd auf weißen Wänden beiderseits der Hauseingänge. Auf den Inseln der bereits im 14. Jh. gestauten Seen stehen die Sommerpaläste der Maharajas, einer der schönsten ist heute ein Hotel. (B 3)

BESICHTIGUNG

Stadtpalast

Der größte, über die Jahrhunderte immer wieder erweiterte Palast Rajasthans war die Residenz der Mewar-Herrscher, er zeugt von sagenhaftem orientalischen Reichtum. Wuchtige Tore, filigrane Balkons, endlose Höfe, Gänge und Kabinette, Kacheln und Wandmalereien waren nicht die einzigen Freuden der Maharajas – im Haupthof ließen sie sich mit Gold aufwiegen. Die Mewaren trotzten den Moghulen und den Briten. *Tgl. 9.30 bis 16.30 Uhr*

RESTAURANTS

Um den Chetak Circle finden sich die Restaurants mit der nicht sonderlich aufregenden Triade, chinesisch, indisch, europäisch: *Berry's, Chetak, Kwality, Kategorie 3*

HOTELS

Lake Palace Hotel

★ Vielleicht das schönste Palasthotel der Welt. Jacqueline Kennedy empfahl ehedem, den Sommerpalast auf der Insel im Pichola-See in eine Luxusherberge zu verwandeln. *Pichola Lake, Tel. 232 41, Kategorie 1*

Shikarbadi Hotel

Ehemalige Jagdhütte am Rande des 5 km vor der Stadt beginnenden Urwaldes. *Goverdhanvilas, Tel. 832 11, Kategorie 2*

AUSKUNFT

Tourist Information Bureau

Im Kajri Hotel, Tel. 236 05

ZIEL IN DER UMGEBUNG

Chittaurgarh

Die Legenden der Rajputen leben fort. Tapfere Krieger und ihre Frauen, die ihnen freiwillig in den Verbrennungstod folgten: Dreimal zwischen dem 14. und dem 16. Jh. versuchten die moslemischen Sultane die Stadt der Sesodia-Fürsten einzunehmen. Gut fünfzig, teils zerstörte Tempel und Paläste zeugen von der Größe der im 17. Jh. verlassenen Stadt. Erhalten ist der 37 m hohe Siegesturm, *Vijay Stammbh*, dessen Reliefs und Skulpturen von den heldenhaften Rajputen erzählen, und der bestiegen werden darf. (B 3) *112 km von Udaipur, von dort Bus- und Bahnverbindung nach Chitor, dort Fahrrad- oder Motorriksha zum 6 km außerhalb gelegenen Fort*

VARANASI

Es ist sechs Uhr morgens, die Luft klirrt und die Sonne leuchtet im ersten, zarten Rot. Tausende steigen die breiten Steintreppen der Ghats hinab in die schlammigen Fluten des Ganges. Sie waschen sich, ihre Kleider, füllen Messinggefäße – das Wasser ist heilig. Manche machen Yogaübungen. Andere sitzen mit überkreuzten Beinen, der Lotusposition, auf den Stufen, die Hände zum Gruß für die Sonne vor der Brust zusammengelegt, die Augen nach innen gerichtet, der Geist rein. Kinder lassen Drachen steigen. Heilige wandeln umher. Ziegen und Schweine wuseln durch die Menge, heilige Kühe trotten herbei. Tauben flattern auf. Feuer beginnen zu rauchen, vertilgen Leichen, die in

Tücher eingewickelt und auf Bambusbahren auf die Scheiterhaufen getragen wurden.

Die Ghats von Varanasi (800 000 Ew.), viele nennen die Stadt noch nach ihrem alten Namen Benares, gelten als die »Wurzeln«. Die meisten der Hindupilger, die zu ihnen kommen, sind alte Menschen. Sie warten darauf zu sterben, verbringen ihre letzten Tage in ritueller Frömme. In den Pilgerhäusern am Wasser dürfen sie vier Tage lang kostenlos wohnen, danach ziehen sie für jeweils weitere vier Tage in ein anderes Haus. Es ist ihr innigster Wunsch, einmal im Leben nach Varanasi zu kommen, wenn möglich dort zu sterben und als Asche in den Ganges gestreut zu werden.

Varanasi, »The City of Learning and Burning«, ist eine der ältesten Städte Indiens. Zwei weitere Flüsse strömen hier in den Ganges, Varuna und Asi, daher ihr Name, den die Briten bloß maulfaul verkürzten. Viel früher hieß sie Kashi, Ort des Lichtes.

Der Legende zufolge führte ein frevelhaftes Pferdeopfer –

eine Nachahmung des Zehn-Pferde-Opfers von Gott Brahma – das der König von Kashi darbrachte, zu Dürre und Not, bis Brahma sich wieder erbarmte und den Ganges vom Himmel holte. Shiva ließ die Fluten, die aus den Sternen strömten, durch seinen Haarknoten fließen. So gebändigt machten sie die nordindische Ebene wieder fruchtbar.

Am Dasashwamedh-Ghat lassen sich Boote für eine Fahrt auf dem Fluß mieten – die einzig besinnliche Form, das rätselhafte Leben und Sterben in Varanasi zu betrachten. (D2).

BESICHTIGUNGEN

Gyan-Vapi-Moschee

Mit den Steinen und an der Stelle des von ihm zerstörten Hindu-Tempels ließ Aurangzep im 17. Jh. die Moschee erbauen. Vom oberen Rundgang des Minaretts hat man einen weiten Rundblick auf Fluß, Stadt und das nahe Sarnath.

Ghats

★ Mehr als hundert Badeplätze säumen das linke Ufer, 23 sind bedeutend, das *Dasasvamedh* Ghat ist das heiligste der fünf Hauptghats. Hier soll das »Zehn-Pferde-Opfer« um Brahma dargebracht worden sein. Hier finden sich unter einfachen Sonnenschirmen die meisten Brahmanen, lenken die »heiligen Männer«, die Sadhus, die Aufmerksamkeit auf sich.

Flußabwärts folgt das *Man Mandir Ghat* mit dem Palast des Maharaja Man Singh von Amber aus dem frühen 17. Jh., von dem ein Steinbalkon erhalten ist. Am viertweiteren nördlichen Jalashavm Ghat findet sich die Hauptverbrennungsstätte.

Fremde können von einer Plattform zuschauen, dürfen aber nicht photographieren.

Das nächste, das *Manikarnika Ghat* ist die zweitheiligste Stätte. Hier soll Gott Shiva die Ohrringe seiner Gemahlin Parvati aufgelesen und dabei in einer Marmorplatte seine Fußabdrücke hinterlassen haben.

Ebenfalls vom Maharaja von Amber stammt das prächtige *Panchganga Ghat*, zwei weiter flußabwärts, wo sich nach Hindu-Glauben die fünf heiligen Ströme – Dhutapapa, Ganges, Kirana, Sarasvati und Yamuna – unterirdisch treffen. Hinter dem Panchganga Ghat steht die *Gyan-Vapi-Moschee*.

Vom Dasasvamedh Ghat flußaufwärts kommt als zweites das *Someswar Ghat*, mit dem Mondtempel, den kranke Pilger aufsuchen. Das übernächste, das *Kedar Ghat* ist der Tempel des Shiva Kedarnatha, Gott des Kedar-Bergs im Himalaya. Am drauffolgenden *Harishehandra Ghat* findet sich ebenfalls eine Hauptverbrennungsstätte. Oberhalb des nächsten Ghats steht der gleichnamige Hanuman-Tempel. Und das nächste, das *Shivala Ghat* ist recht prosaisch ein Fort, das 1781 von dem Briten Warren Hastings belagert wurde.

Vishvanath-Tempel

Er heißt auch Goldener Tempel, wegen der Goldauflage auf den Dächern. Die heutigen Tempelgebäude ließ die Maharani von Indore im 18. Jh. stiften. In der Nähe soll schon vor 2200 Jahren ein Tempel gestanden haben, der mehrmals zerstört und wieder aufgebaut wurde. Außer den Hindus darf niemand das Heiligtum betreten. Aber in der Umgebung wird man in die Häuser gebeten, um von einem Fenster oder einem Balkon auf die Anlage schauen zu können – für ein Trinkgeld von ein paar Rupees.

RESTAURANTS

Konamey
Unprätentiös, gilt aber als das beste Restaurant der Stadt. *Dasasvamedh Road neben dem Deepak Kino, Kategorie 3*

The Restaurant
Hier gibt es vegetarische Gerichte und Curries. Treffpunkt der Intellektuellen, Politiker und Künstler. *Nahe der University Road, Kategorie 3*

Win-Fa
Authentische chinesische Küche. *Prakash Cinema Building, Lohurabir, Kategorie 2*

EINKAUFEN

Seidenstoffe, Silber- und Goldbrokate sind die Spezialitäten von Varanasi, die Geschäfte sind am *Chowk, Godoulia*, der *Vishvanath Lane* und auf dem *Thatheri Bazar* zu finden.

HOTELS

Central
Indische Einfachkeit im Zentrum. *Dasasvamedh Road, Tel. 4 21 82, Kategorie 3*

Clark's
Modernisierter Kolonialbau mit viel Komfort. *The Mall, Cantonment, Tel. 4 24 01, Kategorie 1*

Diamond Hotel
Phantasie- und eindrucksvoll bemalte Fassaden des Hotels. Gartenzimmer verlangen. *Bhelupura, Tel. 31 06 96, Kategorie 2/3*

Hotel de Paris
Renovierter Kolonialbau mit einem sehr hübschen Garten. *The Mall, Cantonment, Tel. 4 24 64, Kategorie 2*

Taj Ganges
Internationaler Luxus und Dekor von Lotusblüten, dem Symbol der Schöpfung für Buddhisten, Hindus und Jains. *Nadesar Palace Grounds, Tel. 4 24 81, Kategorie 1*

AUSKUNFT

Tourist Office
15B The Mall, neben Hotel de Paris, Tel. 4 31 89, Mo–Fr 9–17.30 Uhr, Sa 9–13 Uhr

ZIEL IN DER UMGEBUNG

Sarnath
Der Vorort von Vananasi, 10 km nördlich des Zentrums, ist einer der wichtigsten Wallfahrtsorte für Buddhisten aus der ganzen Welt und einer ihrer vier heiligsten Schreine. Hier hielt Buddha selber seine ersten Predigten im königlichen Wildpark. Eine enorme Stupa aus Stein und Ziegeln, gebaut von König Ashoka im 3. Jh. markiert angeblich die genaue Stelle, an der Buddha in der Lotusposition saß und sprach. Der uralte Ort erscheint wie zwei: das stille Ruinengelände auf der einen, die neuen chinesischen, japanischen und tibetischen Gebetsstätten auf der anderen Seite.

EDWARDVS VII
REX IMPERATOR

Liebesakte und Menschenmassen

In Calcutta dominiert das Gedränge, an den Füßen des Himalaya die Leere, in den Tempeln Orissas die kultische Erotik

Es hilft nicht darüber hinwegzugehen, Indiens Osten ist das dichtbesiedelste Gebiet des Landes und scheinbar das ärmste. Der Bahnhof von Calcutta: fliegende Händler schreien, Lokomotiven pfeifen, Träger bahnen sich brutal ihren Weg, Menschen, Menschen, nichts als Menschen. Tausende scheinen dauerhaft auf den Bahnsteigen zu leben, Howrah Station ist eine Stadt für sich selbst. Doch in der Stadt geht es erst richtig los. Sie ist ein Erlebnis, indem die Masse an Körpern die Dominante ist, in der Armut und Reichtum aufs schärfste kontrastieren, Grauen und Zauber einander die Hand reichen. Ein Moloch von mehr als 11 Mio. Ew. Manche entfliehen ihm wieder, kaum daß sie angekommen sind, andere bleiben und erleben ihn als faszinierendstes Spiel der Menschheit.

Der Osten umfaßt neun Staaten und zwei Territorien. Fünf von ihnen und die beiden Territorien liegen kaum zugänglich im Dreieck zwischen Bangladesh, Bhutan, Burma und China, der »North-East-Frontier«, er ist für Ausländer praktisch gesperrt. Sondererlaubnisse zum Besuch von Gawahat im Assam, der Tierparks Manas und Kaziranga, sowie des Staates Meghalaya werden zwar erteilt. Doch solche Permits müssen vier Monate im voraus beantragt werden. Gewährt werden sie freilich automatisch. Das gleiche gilt für Sikkim, ebenfalls ein »sensibles Grenzgebiet«. Nur das Erlangen eines Permits für die Stadt Darjeeling im Staate Kalimpong und zu Füßen der höchsten Gipfel des Himalaya ist eine reine Formalität, die jedoch ausgesprochen zeitverzehrend und nervenaufreibend ist.

Ein Teil des Problems ist offenkundig. Seit Bengalen 1947 geteilt, der Osten erst ein Teil Pakistans, dann das unabhängige Bangladesh wurde, hielten Spannungen und ein nicht abreißender Flüchtlingsstrom ins indische Westbengalen an.

Calcutta war lange Zeit die Hauptstadt Britisch-Indiens und ist bis heute das kulturelle Zen-

Das britische »Taj Mahal«: Victoria Memorial in Calcutta

trum des Ostens mit einer gigantischen Filmindustrie geblieben. Und die Bengali unterhielten lange vor den Indern im Norden, Süden und Westen Gerichte und Hochschulen nach britischem Vorbild.

Uraltes indisches Kernland ist indes der Staat Bihar, ebenfalls dicht besiedelt und teils in der Gangesebene, teils in den Nagpur-Bergen gelegen. Hier lehrte Buddha. Inmitten der tropischen Landschaft finden sich heilige Stätten von Buddhisten, aber auch von Hindus, Jains, Muslims und Sikhs. In den Bergen aber wuchs im vorigen Jahrhundert ein indisches Ruhrgebiet mit einer das ganze Land versorgenden Kohle- und Stahlindustrie.

Der Staat Orissa ist für indische Verhältnisse dünn besiedelt und ländlich geblieben. Abseits der Tempelstädte Bhubaneswar, Konarak und Puri finden sich hier nur Dörfer und unberührte Strände, die von den Einheimischen kaum benutzt werden.

BHUBANESWAR

Die Hauptstadt (700 000 Ew.) des Staates Orissa gilt als »Stadt der tausend Tempel«, eine kleine Untertreibung. Rund 7000 soll es hier einst gegeben haben. Heute sind es noch 500, doch die allermeisten sind verfallen und bis vor zwei Jahrzehnten war es üblich, sich einfach an den Heiligtümern zu bedienen, für Baumaterial oder für Dekoration. Unzählige schön geschnittene Steine wurden schlicht abgeschleppt. Heute bietet Bhubaneswar ein doppeltes Bild: auf der einen Seite die Altstadt und die Tempel, von denen ein Dutzend bemerkenswert ist, auf der anderen Seite eine neue, in sechs »Units« weitläufig angelegte Hauptstadt. Gute Verkehrsverbindungen führen nach Buhbaneswar, Hotels und Restaurants gibt es in der Stadt, aber kaum Taxis. Für die Fahrradrikshas sind die Entfernungen zu groß, ohne chauffierten Mietwagen läßt es

MARCO-POLO-TIPS FÜR CALCUTTA UND DEN OSTEN

1 **Oberoi Grand Hotel**
Das klassische Kolonialhotel in Calcutta, wo es für jede Handreichung einen Dienstboten gibt (Seite 73)

2 **Sonnentempel**
Der Tempel von Konarak, in dem keine erotische Stellung der Phantasie überlassen bleibt (Seite 77)

3 **Tiger Hill**
Die höchste Anhebung über Darjeeling, wo die Acht-Tausender des Himalaya zum Greifen nahe sind (Seite 75)

4 **Victoria Memorial**
Das Prunk-und-Protz-Museum der Kolonialmacht in Calcutta, wo die Inder »ihre« Geschichte lernen können (Seite 72)

sich nur schwer herumkommen. Aber für viele ist Bhubaneswar ohnehin nur Durchgangsort auf dem Weg nach Puri und Konarak – zu Unrecht, aus der Sicht geschichtlich Interessierter. Es war im 3. Jh. v. Chr., als Kaiser Ashoka nach blutigen Schlachten gegen das Kalinga-Reich zum Buddhismus übertrat. 800 Jahre später aber siegten die Hindus der Kesari- und Löwendynastien über die Buddhisten. Unter den Kesari entstanden die Tempel und eine Kultur, die sich bis ins 16. Jh. hielt. Dann eroberten die Moghulen große Teile Indiens und zerstörten die meisten Bauten der Kesari. (E 3)

BESICHTIGUNGEN

Die Tempel stehen um den heiligen Bindusagar-Teich, in dessen Wasser der Legende nach – wie in Varanasi – alle heiligen Ströme Indiens zusammenfließen.

Lingaraja-Tempel

Von Nicht-Hindus darf er leider nicht betreten werden. Aber nördlich, nahe der Mauer steht eine Plattform, ehedem für Lord Curzon errichtet. Fernglas und ein paar Rupees (für die auf jeden Fall erbetene Spende) erlauben einen Blick ins Innere. Unterhalb des Tempelturms liegt indes die Cella mit dem Ur-Lingam, dem Zeugungssymbol Shivas. Andere, nicht minder erotische Skulpturen von liebenden Paaren, aber auch von brüllenden Löwen schmücken die 45 m hohe Shikara.

Mukteshwara-Tempel

Der kleinste Tempel von Bhubaneswar ist zugleich der schönste. Wegen seines feinen Schmucks wird er »Traum in Sandstein« genannt. Ein geschwungener Torbogen mit hübschen Figuren führt in die Vorhalle, der einzigen hier mit Innendekorationen, und zum Heiligtum, einem Lingam-Schrein. Hier errötet der Prüde: Paare lieben einander, Shiva, Ganesha und Parvati lieben alle. Mädchen schmücken sich. Krokodile gaffen und Affen tun es den Menschen gleich.

Parasurameswara-Tempel

Er ist der älteste der noch erhaltenen Tempel in Bhubaneswar, stammt aus dem 7. Jh. und weist deutliche Spuren buddhistischen Einflusses auf: Stupa-Darstellungen und Chaitya-Fenster. Tänzer und Musiker, Elefanten und Götter stammen indes aus der bildhafteren Hindu-Mythologie. Ein Shiva-Tempel, der Dreizack des Gottes ziert den gedrungenen Turm.

Rajarani-Tempel

Er erinnert an die Tempel von Khajuraho, aber die Skulpturen sind stark beschädigt. Ein abseits gelegener Ort zur Besinnung über all die tantrischen Akte.

Vaital-Deul-Tempel

Keine pyramidenförmige Shikara, sondern ein Tonnendach liegt über dem Sanktuarium, in dessen Dunkel eine tantrische Göttin sich ausnahmsweise nicht der Zeugung, sondern dem Abschlachten eines büffelköpfigen Dämonen hingibt.

RESTAURANTS

Orissas Curries haben etwas Besonderes in sich: Garnelen und

Fische. Und noch eine unerwartete Spezialität wird hier geboten: Chenapodapitha – auf deutsch Käsekuchen.

EINKAUFEN

Orissa State Handloom Cooperation Society Market Building
Kopien der bedeutenden Tempelskulpturen – von selber Größe und Schwere; wer seine Gartenzwerge mit Tantrafiguren ermuntern will, muß hier einkaufen. *Unit II, westlich des Bahnhofs*

HOTELS

Hotel Kalinga Ashok
12 einfache Zimmer um einen Innenhof, 64 neue mit Bad im Neubau. *Gautam Nagar, Tel. 5 33 18, Kategorie 2*

Oberoi Bhubaneswar
Moderner, aber geschmackvoller Bau mit Pool und Gärten. *Nayapalli, Tel. 5 61 16, Kategorie 1*

Panthanivas Tourist Bungalow
Äußerst einfach, aber mit Bädern und in günstiger Lage zu Bahnhof und Tempeln. *Lewis Road, Tel. 5 45 15, Kategorie 3*

AUSKUNFT

Orissa Tourist Office
Zweigstelle am Bahnhof ist immer, die am Flughafen zu den Ankunftszeiten der Flüge geöffnet. *Nahe Panthniwas, Tel. 5 00 99, tgl. außer So 10–17 Uhr*

Am Ort der tausend Tempel: Bhubaneswar

CALCUTTA

Wer glaubt, nach dem Verlassen des Bahnhofs in ruhigere Gefilde zu geraten, irrt. Jetzt geht es richtig los. Das Gedränge und Geschiebe vervielfacht sich, Hupen kommen dazu und Schwaden von Abgasen. Denn ein paar Meter von der Howrah Station überspannt die Howrah Bridge die schlammigen Fluten des Hooghly River, eine Brücke, die Tag für Tag 3 Mio. (3 000 000!) Menschen überqueren. Es ist ein Verkehrsgewirr, das nicht mehr mit Worten zu beschreiben ist. Fahrräder, Ochsenkarren, Straßenbahnen, Lastwagen, Kühe, Ziegen, Esel, Autos, Busse und Lastwagen – alles verknäult sich, niemand kommt voran. Wer es planen kann, sollte zumindest eine Ankunftszeit der Bahn wählen, die ihm die *Rush-hour* morgens und abends beim Weg in die Stadt erspart. Nebenbei: wer mit dem Flugzeug am Dum Dum Airport ankommt, dem geht es nicht viel besser. Bus oder Taxi muß sich durch ein nicht enden wollendes Konglomerat von Vororten quälen, 725 qkm mißt Calcutta, 11 Mio. Menschen leben nach offiziellen Angaben in dieser größten Stadt Indiens.

Plötzlich aber stehen Sie vor einem der großen viktorianischen Bauten der Briten im Zentrum, dem Fort William oder der Kathedrale des Heiligen Paulus, bröckelnden Zeugen kolonialer Macht und Größe.

Calcutta ist keine alte Stadt. Vor 300 Jahren stand hier nur ein Dorf namens Kalikata. 1690 suchte die East India Company Terrain für neue Manufakturen, pachtete vom Kaiser Aurangzep dieses Dorf. Sechs Jahre später schon begann sie mit dem Bau des Forts, in seiner heutigen Form wurde es 1773 vollendet. Zwischen jenem Jahr und 1911, als New Delhi zur Hauptstadt erkoren wurde, wuchs Calcutta zum wirtschaftlichen und politischen Zentrum des damals noch Bangladesh, Burma und Pakistan einschließenden Riesenreichs.

Die Überbevölkerung brachte die postkoloniale Teilung der indischen Besitzungen. Plötzlich fanden sich die ostbengalischen Hindi in einem mehrheitlich moslemischen Staat. Millionen flohen schon 1947 über den Ganges direkt ins grenznahe Calcutta. Eine nicht minder gewaltige menschliche Flut strömte 1971, als sich Ost-Bengalen von Pakistan unabhängig erklärte und Indien siegreich in den alsbald ausgebrochenen Krieg eingriff.

Calcutta hat die Bengalen des Hinterlandes aufgenommen. Wo sie geblieben sind, das läßt sich nicht übersehen. Wie es ihnen in den »Bustees« genannten Slums ergeht, davon zeugt indirekt die aufopferungsvolle Tätigkeit der Mutter Teresa und ihrer Barmherzigen Schwestern.

Wer die Sehenswürdigkeiten besuchen will, sollte, ähnlich wie bei der Ankunft, gut planen. Sie stehen weit voneinander entfernt und, wie gesagt, der Verkehr ist keiner, sondern ein bewegter Stillstand. (E 3)

BESICHTIGUNGEN

BBD Bagh

Sie waren bengalische Freiheitskämpfer, hießen Benoy, Badal, Dinesh und wurden dank indischer Vorliebe für Abkürzungen

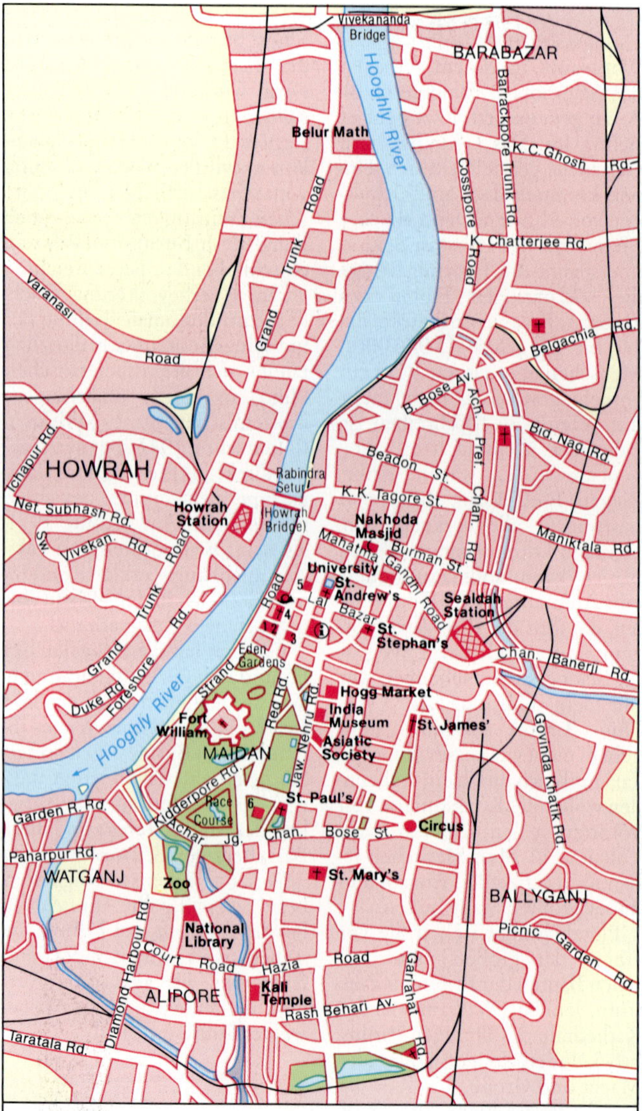
Calcutta
1 km
1 High Court
2 Town Hall
3 Government House
4 St. John's
5 Writers Building
6 Victoria Memorial Hall
Vivekananda Bridge
BARABAZAR
Hooghly River
Belur Math
Barrackpore Trunk Rd.
K.C. Ghosh Rd.
Cossipore Road
Grand Trunk Road
K. Chatterjee Rd.
Varanasi Road
Belgachia Rd.
B. Bose Av.
Ach. Pref. Chan. Rd.
Bid. Nag. Rd.
Beadon St.
HOWRAH
Ichapur Rd.
Rabindra Setu (Howrah Bridge)
K.K. Tagore St.
Net. Subhash Rd.
Howrah Station
Nakhoda Masjid
Sw. Vivekan. Rd.
Mahatma Gandhi Road
Burman St.
Maniktala Rd.
University
St. Andrew's
Lal Bazar
Sealdah Station
St. Stephan's
Foreshore Rd.
Duke Rd.
Eden Gardens
Strand Rd.
Chan. Banerji Rd.
Hogg Market
India Museum
St. James'
Fort William
Red Rd.
Jaw. Nehru Rd.
Asiatic Society
MAIDAN
Govinda Khatik Rd.
Kidderpore Rd.
St. Paul's
Garden R. Rd.
Race Course
Achar. Jg. Chan. Bose St.
Circus
Paharpur Rd.
WATGANJ
Zoo
St. Mary's
BALLYGANJ
Diamond Harbour Rd.
National Library
Picnic Garden Rd.
Court Road
Hazia Road
Gariahat Rd.
ALIPORE
Kali Temple
Rash Behari Av.
Taratala Rd.

Über diese Brücke muß man kommen: Howrah Bridge von Calcutta

zu den Namensgebern des im Unabhängigkeitstaumel umbenannten Dalhousie Square. Das Bagh, ehedem Square, ist Regierungs- und Verwaltungszentrum. Über die Bauweise kann der neue Name indes nicht hinwegtäuschen. Die rot-weißen Säulen des *Writers Building* aus dem Jahre 1880 erinnern an eine englische Grafschaftsverwaltung. Die Writers übrigens, die dort wohnten und arbeiteten, waren keine Autoren, sondern Lohnschreiber der East India Company. Südlich gegenüber protzt das *High Court*, ihm stand das Rathaus von Ypern in Flandern Pate. Der *Raj Bhawan* daneben, 1803 Residenz des Gouverneurs von Bengalen, heute Regierungsgebäude, ist der Versuch, Lurd Curzons Kendleston Hall nachzubauen.

Howrah Bridge

Hat man sie einmal passiert, läßt sie sich auch bestaunen, die Brücke, die eigentlich schon seit Jahren ersetzt werden soll, wohl aber für immer Calcuttas Menschenlast ertragen wird: Die pfeilerlose Ponton-Brücke ist mit 665 m Länge die drittgrößte dieser Art auf der Welt, 82 m hoch ragt das Gestänge, 2590 Tonnen ist es schwer. Sie wurde 1943 nach den Plänen eines deutschen Architekten fertiggestellt.

Jain Tempel

Sri Sheetalnathji, Hofjuwelier des Vizekönigs, stiftete 1867 diesen Bau, eine herrlich verkitschte Mischung aus Pagode und Rokokopalast voller Spiegel und Buntglas. *Budree Das Temple Street, tgl. 6–12 und 15–19 Uhr*

Kali-Tempel

Ob wirklich noch Tieropfer dargebracht werden, wissen nur Hindus, anderen ist der Zutritt untersagt. Aber schon vor dem gesperrten Inneren drängen sich die Gläubigen, vom Gesang über dröhnende Lautsprecher in Ekstase versetzt. Der 1809 gebaute Tempel ist der Göttin Kali geweiht, die Vitalität, aber auch Wut und Verderben verkörpert, eine angemessene Namensgeberin und Schutzheilige für Calcutta. Für die Gläubigen ist an dieser Stelle der Finger der zerfleischten Gemahlin Shivas, der Sati, zur Erde gefallen. Ganz in der Nähe steht Mutter Teresas Heim für Ausgestoßene und Sterbende, das *Nirmal Hridaya, am Kali Ghat im Süden der Stadt.*

Maidan

Die »grüne Lunge« der Stadt, auch wenn man es ihr nicht ansieht. Die besseren Teile des Parks sind abgeriegelt und für Sportklubs reserviert, auf dem kargen Grün des Restes wird geturnt und gepicknickt, gespielt und gefeiert, Akrobaten und Fakire warten mit ihren Kunststükken auf, fliegende Händler sorgen für Speis und Trank. Das *Fort William* mittendrin wird vom indischen Militär genutzt. In den nördlichen, parkähnlicheren *Eden Gardens* ist die burmanische Pagode ein willkommener Ruhepol.

St. Paul's Cathedral

Am Südende des Maidan steht die erste bischöfliche Kathedrale des Orients, 1839–1847 im gotischen Stil gebaut. Das imperialste der imperialen Buntglasfenster huldigt Lord Mayo, dem Vizekönig Indiens.

Victoria Memorial

★ Ebenfalls am Südende des Maidan steht der marmorne Gedächtnisbau der englischen Königin und indischen Kaiserin Victoria, ein Museum, und der, etwas danebengegangene Versuch der Briten »ihr« Taj Mahal zu schaffen. Es war die Idee des Lord Curzon, ein Museum zu bauen, das die Geschichte des britischen Empires in Indien erzählt, und das gelang recht gut. Queen Victoria blickt streng von ihrem Podest herab, Schlachtengemälde und Offiziersporträts verdeutlichen wie und von wem die »Natives« beherrscht wurden. Die meisten Spenden für das Museum gaben die Maharajas selber. Allzugroß war ihr Glaube an die Fähigkeiten des eigenen Volkes nicht. Der Anteil indischer Künstler und Porträts von Indern ist gering. Denn hier sollten auf des Lords Wunsch vor allem die Bilder und Statuen der Menschen zu sehen sein, die »eine bedeutende Rolle in der Geschichte des Landes gespielt« hatten. *Di–So 10–15.30 Uhr*

RESTAURANTS

Calcutta hat mehr Bars als andere indische Städte, sie werden indes kaum von Frauen besucht. Die Bars und eine große Auswahl von Restaurants aller Art drängen sich an der *Park Street,* die *südlich des Oberoi Grand Hotel* diagonal von der *Jawaharlal Nehru Road* abführt. Donnerstags sind viele geschlossen, das ist der trockene und zudem fleischlose Tag. Eine Spezialität, die man sich nicht entgehen lassen sollte: Chingri malai, ein Garnelen Curry.

Amber

Kebabs und Tandooris, eines der beliebtesten Restaurants abseits der Park Street. *11 Waterloo Street, Tel. 28 67 46, Kategorie 2*

Chinoiserie

Restaurant mit echter Szechuanküche. *Taj Bengal, 34 B Belvedere Road, Tel. 28 39 39, Kategorie 1*

Dragon in Sherry's

Der beste Chinese in der Stadt. *Great Eastern Hotel, 1, 2, and 3 Old Court House Road, Tel. 28 23 11, Kategorie 2*

Peter Cat
Afghanische und persische Spezialitäten auf zwei »metallisch« dekorierten Etagen. *18 Park Street, Tel. 29 88 41, Kategorie 2*

Suruchi
Von der *All Bengal Women's Union* betriebenes, einfaches, aber absolut bengalisches Restaurant, dessen Gewinne an die Wohlfahrt gehen. *89 Elliot Road, Tel. 29 17 63, Kategorie 3*

Vineet
Curries, Naans, Sandwiches und Süßigkeiten, vegetarisch. *1 Shakespeare Sarani im Air-Conditioned Market gegenüber dem Tourist Office*

EINKAUFEN

Bentinck Street
In der Straße nahe dem *BBD Bagh* sind viele Geschäfte zu finden, in denen Anzüge, Hemden und Schuhe von Chinesen maßgeschneidert werden. Die Stoffe sind gut, die Verarbeitung auch. Aber unser Tip: Vorbilder mitbringen und darauf bestehen, daß sie genau nachgeschneidert werden. Nur so kann man einigermaßen sicher gehen, daß indisch-chinesische Modevorstellungen (aus uralten Katalogen) sich nicht durchsetzen.

HOTELS

Tip: Billighotels finden sich an der nicht ganz ungefährlichen *Sudder Street*. Calcutta erhebt eine Hotelsteuer von 40 Prozent, die erst nachträglich erwähnt wird.

Astor Hotel
Helle Zimmer in einer roten, englischen »Mansion« (Die Nebengebäude sind weniger schön). *15 Shakespeare Sarani, Tel. 44 99 57, Kategorie 2*

Fairlawn
Eine Armenierin gründete es und hielt es, als sei immer noch Kolonialzeit. *13 A Sudder Street, Tel. 24 44 60, Kategorie 2*

Hotel Maria
Von Mutter Teresas Helfern bevorzugte, höchst einfache aber saubere Unterkunft. *5/1 Sudder Street, Tel. 24 33 11, Kategorie 3*

Oberoi Grand
★ Das andere Gesicht Calcuttas, der Inbegriff eines Kolonialhotels im ehemaligen Maharaja-Palast, eine Oase voller eleganter Geschäfte und mit stets präsenten dienstbaren Geistern. *15 Jaw. Nehru Road, Tel. 29 23 23 und 29 01 81, Luxuskategorie*

Taj Bengal
Das moderne Gegenstück zum Oberoi. *Belvedere Road, Alipore, Tel. 28 39 39, Luxuskategorie*

The Kenilworth
Schlichte Eleganz und große, luftige Räume, Bar und Restaurant, ruhiger Rasen. *1 & 2 Little Russell Street, Tel. 44 83 94, Kategorie 1*

AM ABEND

Im *Oberoi-Hotel*: Disko Pink Elephant; Tanzschau Dances of India im Moghul Room.

AUSKUNFT

Government of India Tourist Office
4 Shakespeare Sarani, Tel. 44 14 02, Mo–Sa 8–18 Uhr, Schalter am Flughafen offen bei Ankünften

DARJEELING

Richtig, es ist die Stadt des Tees, dessen Namen in fast jedem Haushalt der Welt bekannt ist. In Terrassen ist sie in die unteren Himalayaberge gebaut. Wenn Sie mit dem Taxi zu einem Hotel fahren, wird Ihnen vielleicht ein steinalter Portier das Gepäck abnehmen, es sich über die Schulter hängen und damit den Berg hinaufspringen, als trage er nur einen Sack Federn. Hier sind die Sherpas zu Hause, aber auch Bhutaner, Nepalesen und Tibetaner, deutlich andere Rassen als die der Gangesebene. Rund 60 000 Menschen leben in Darjeeling. Die meisten arbeiten in den 140 Teeplantagen. Aber auch Affen tummeln sich hier oben, auf über 2000 m Höhe, Bären, Leoparden, Nashörner und Rotwild sind in den Hochwäldern heimisch.

Buddhistische Klöster mit den sich ewig drehenden Gebetsmühlen scheinen zu dominieren, obwohl die Buddhisten nur einen kleinen Teil der Bevölkerung stellen. Bei guter Sicht ist sogar der 140 km entfernte Mount Everest zu erkennen. Der Hausberg und dritthöchste Gipfel der Welt, der Kanchenjunga (8598 m) scheint immer in Griffweite zu stehen.

Das Dorf Dorje Ling, Großer Donnerschlag, wurde 1835 vom Maharaja von Sikkim der East India Company übergeben. Sie nutzte es zunächst nur als Sommerfrische für ihre Angestellten. Erst die 1839 gebaute Straße von der Terrai-Ebene hinauf und die parallele Schmalspurbahn, beides große Ingenieursleistungen, ermöglichten die Ausfuhr von Teeblättern. Die aus China geschmuggelten Pflanzen wurden von 1840 an angebaut.

Saison in dieser Höhe ist ausnahmsweise die Zeit von Mai bis November, aber Juni bis September lohnen sich wegen des Monsuns und der alles verhängenden Regenwolken auch nicht.

An den Hängen Darjeelings gedeihen die Träume der Teetrinker

Und der halbe Spaß ist die Anreise. Abends verläßt der Zug »Darjeeling Mail« die *Sealdah Station*, nicht die *Howrah Station*, von Calcutta, morgens kommt er in *New Jalpaiguri* an. Von dort sind es noch 77 km, die »Spielzeugbahn« braucht bis zu acht Stunden, um sich dampfend und zitternd die Berge hinaufzuwinden, länger, wenn erst die Strekke von Erdrutschen und Steinschlägen geräumt werden muß. (E2)

BESICHTIGUNGEN

Ghoom Buddhist Monastery

Das Kloster mit den Wandgemälden, bronzenen Gebetsmühlen und alten Texten, sowie dem Bildnis des Maitreya (kommenden) Buddha ist für jeden offen, die freundlichen Mönche erlauben sogar das Fotografieren, haben aber nichts gegen kleine Spenden einzuwenden. *8 km südlich, nahe der Bahnstation Ghoom der »Toy Train«*

Happy Valley Tea Estate

Einer der Herkunftsorte der berühmten Early Flush, First und Second Flushs. Hier kann man sehen, wie die Blätter gewelkt, gerollt, gesiebt, fermentiert und getrocknet werden – und sie gleich an Ort und Stelle kaufen. *2 km nordwestlich vom Zentrum, unterhalb der Pamphawati Gurungni Road, Di–Sa 8–12 u. 13–16.30 Uhr*

Tiger Hill

★ Die höchste Stelle in der nahen Umgebung, 2590 ü. d. M. Üblicherweise findet man sich auf diesem 11 km von Darjeeling entfernten Hügel vor Sonnenaufgang ein, um zu erleben, wie das Himmelsgestirn die höchsten Gipfel der Welt wachküßt und in allen Schattierungen des Rot taucht. Eine Garantie für gute Fernsicht gibt die Natur indes nicht, die besten Chancen bestehen im späten Herbst, wenn es schon klirrend kalt wird. *Gut zwei Stunden Laufzeit, manchmal organisiert das Tourist Office Kleinbusfahrten (4.30 Uhr)*, auf dem Rückweg können die Klöster besucht und ab Ghoom die Kleinbahn genommen werden.

RESTAURANTS

In Darjeeling bestehen die Hotels besonders während der Hauptreisezeiten auf Vollpension, doch einige Restaurants bieten eine nette Abwechslung.

Glenary's

Treffpunkt der Rucksacktouristen und Trekker in der Stadt, westlich ausgerichtete Speisen. *Nehru Road, Tel. 3335, Kategorie 2*

Keventer's

Imbisse und Sandwiches aber im Freien und mit Blick auf das ganze Tal. *Nehru Road, Tel. 2026, Kategorie 3*

EINKAUFEN

Soll es mal eine in Silber gefaßte, menschliche Hirnschale sein? Oder nur ein Tanke, eine tibetische Gebetsrolle? Erstaunlich gut nachgemachte »Antiquitäten«, Wollhandschuhe und Pullover, von der Perlenkette für ein paar Rupees bis zum Teppich für Tausende von Mark findet sich alles in den Läden an den *Nehru* und *Chorasta Road*.

Tibetan Refugee Self Help Centre
Leder- und Wollwaren, Teppiche von tibetanischen Flüchtlingen in guter Qualität und zu Festpreisen. *Lebong Cart Road, 5 km in Richtung Lebong*

HOTELS

Bellevue Hotel
Saubere Zimmer mit Bad und Kochgelegenheit, kein Vollpensionszwang. *The Mall, Tel. 21 29, Kategorie 2*

New Elgin Hotel
Allerlei Anitquitäten, helle Zimmer, guter Blick von der oberen Etage, Restaurant mit chinesischer, indischer, nepalesischer und westlicher Küche. *H. D. Lama Road, Tel. 33 14, Kategorie 2 (aber alle Mahlzeiten eingeschlossen)*

Windamere Hotel
Charmantes altes Boarding House mit Early Morning Tea, Wärmflaschen, Federbetten, Kaminen und Afternoon Tea im Garten oder bei schlechtem Wetter am Kaminfeuer in der Halle. *Observatory Hill, Tel. 28 41, Kategorie 1 (aber mit allen Mahlzeiten)*

Youth Hostel
Die Jugendherberge ist schön und bietet prächtige Ausblicke, allerdings: Gruppenräume und -bäder. *Dr. Zakir Hussain Road, Tel. 22 90, Kategorie 3*

AUSKUNFT UND PERMITS

Tourist Bureau
1 Nehru Road, im Hotel Bellevue, Tel. 20 50, tgl. 10–16.30 Uhr, aber nur März–Mitte Juni u. Mitte Sept.–Nov. Die Reise nach Darjeeling erfordert eine Genehmigung, das »Restricted Area Permit«. Nur wer von Calcutta nach Bagdogra (von dort 90 km Fahrt im Taxi, Sammeltaxi oder Bus) fliegt, ein Rückflugticket besitzt und nicht länger als 15 Tage bleiben will, hat es leicht: die Erlaubnis wird am Flughafen von Bagdogra in den Paß gestempelt. Ansonsten heißt es, sich bei einem Konsulat daheim zu bemühen (Formblatt und drei Paßbilder) oder in Indien bei:

Deputy Commissioner of Police
237 Acharya J. C. Bose Road, Calcutta

Home Department
Undersecretary of the Government of West Bengal, 1st Floor, Block 2, Writer's Building, BBD Bagh, Calcutta

Ministry of Home Affairs
Government of India, North Block, New Delhi
(Ohne Fotos, mit Formblatt in 24 Stunden – eine gute Gelegenheit, die indische Zuneigung zu Stempeln und Formularen kennenzulernen).

Wer in das 51 km von Darjeeling entfernte Städtchen Kalimpong weiterreisen möchte, benötigt eine zusätzliche Erlaubnis. Für einen Besuch von bis zu 48 Stunden wird diese erteilt bei:

Foreigners Registration Office
Laden La Road, Darjeeling
Dieses Office kann, muß aber nicht die Aufenthaltserlaubnis für Darjeeling verlängern. Wer nach Sandakphu und Phalut trekken will, benötigt zwar kein Permit, muß aber das Office in Darjeeling 24 Stunden vorher informieren und sich bei den Checkpoints melden.

Neuerdings heißt es, die Permit-Bestimmungen würden gelockert, Bahn und Autoreise nach Darjeeling ähnlich leicht wie die Flugreise gehandhabt, sogar die Genehmigungen für Sikkim und Assam jetzt nicht mehr nach sechs Wochen, sondern in 24 Stunden erteilt. Verlaß ist auf solche Auskünfte nicht, Sicherheit hat nur der, der die Permits zugleich mit dem Visum daheim ausgestellt bekommt.

ZIELE IN DER UMGEBUNG

Jaldapara Wildlife Sanctuary

100 qkm großer Naturpark, 224 km von Darjeeling entfernt, voller Rotwild, Elefanten und sogar Nashörnern. Touren: *Tourist Bureau, Government of West Bengal, Hill Cart Road, Siliguri, Tel. 2 16 32*

Kalimpong

Aufregende Fahrt durch das Teesta-Tal und wieder hinauf zur Stadt, die *Mi* und *Sa* Markttag hat.

Rangit Valley

Ins Tal des Rangit-Flusses mit dem »Ropeway«, der ältesten Seilbahn Indiens, die notorisch unter den Folgen von Stromausfall stehen bleibt.

TREKKING

Nach Westen und Norden in die Berge an den Grenzen von Sikkim und Nepal, durch Sherpa-Dörfer, über reißende Flüsse und auf Höhen bis zu 4000 m. Ein Tag oder eine Woche – ein halbes Dutzend Agenturen in Darjeeling organisiert alles, stellt Führer, Träger und Köche, kann für die richtige Ausrüstung sorgen. Ein Paar *eingelaufener* Wanderstiefel ist allerdings unerläßlich. Und ein guter Trek kann bis zu vier Wochen Vorbereitungszeit erfordern. *Mr. Keke, K. K. Gurung, Himalayan Travels, Hotel Sinclair's, 18/1 Gandhi Road, Darjeeling, Tel. 3431*

KONARAK

Auch hier: früh aufstehen. Wenn die Sonne aufgeht, fallen die ersten Strahlen auf das *Sanctum sanctorum*, das Allerheiligste des ★ Sonnentempels von Konarak. Mitten im Nichts steht er, ein mystischer Wagen des Sonnengotts Surya, von sieben Pferden gezogen, auf zwölf Paar Rädern rollend. Die Zahl sieben der Pferde steht für die sieben Tage der Woche, die 24 der Räder für die Mondphasen des indischen Jahres, die acht ihrer Speichen für die Zeiteinheiten, in welche die Vorväter Tag und Nacht einteilten. Jedes der steinernen Räder mißt fast 3 m, wirkt aber wegen der feinen Filigrane kleiner und als ob es aus Holz wäre und leicht davonrollen könnte. Wären der Tempelturm und die Tanzhalle nicht eingestürzt, dann würde der Sonnentempel zu den großartigsten Bauwerken der Erde zählen. In die vorhandenen Mauern sind Blätter, Tiere, mystische Wesen, Musiker und Tänzer eingemeißelt. Zwei Löwen bewachen den Eingang. Auf jeder Seite des Tempels zertrampeln ein kolossaler Kriegselefant und ein Pferd gegnerische Krieger. Überlebensgroße Paare tanzen im erotischen Vorspiel, bei manchen dieser Mithunas trägt der Mann die mit ihm zum Geschlechtsakt vereinte Frau ste-

Frivolitäten am Wagenrad des Tempels von Konarak

hend auf den Hüften, die Gesichtszüge offenbaren unverhüllte Fleischeslust. Der Tempel wird restauriert, fast auf die gleiche Art und Weise, wie er um das Jahr 1250 in angeblich nur 12 Jahren erbaut wurde. Hunderte von Arbeitern reichen Eimer mit Stein und Zement von Hand zu Hand weiter, eine opfervolle Tätigkeit für zehn Rupees am Tag. Aber sie halten den Tempel am Leben. (E 4) *Restaurants und Hotels.* Die Imbißstände und Lodges sind allzu bescheiden, um empfohlen zu werden. Erfrischend aber ist der Kokosnußsaft der grünen Früchte, welche die Händler mit dem Messer aufschlagen. Essen und Schlafen sollte man im 30 km entfernten *Puri* oder in *Bhubaneswar.*

PURI

Es ist schwer zu sagen, welche Zeit für Puri empfehlenswerter ist, Juni und Juli, wenn Abertausende aus ganz Indien zum *Rathjatrafest* in diesen, einer der vier ältesten Pilgerorte strömen, oder der Rest des Jahres, wenn der Badeort fast verschlafen und überschaubar wirkt.

Das *Wagenfest*: An einem Vollmond Ende Juni werden die Götter aus ihren Tempeln gerollt; der des Jagannath ist gelb gestreift, 14 m hoch, die 16 Räder haben einen Durchmesser von je 2 m; die Geschwister Subhadra und Balabhadra rollen auf einem roten beziehungsweise einem blauen Wagen; Tausende von Pilgern spannen sich vor die Götterkutschen, es ist eine höchste Ehre, sie ziehen zu dürfen; die Gefährte kommen nur schwer in Fahrt, rollen sie aber, dann sind sie genauso wenig zu bremsen, wie der Freude und Aufregung Einhalt zu gebieten wäre; bis vor kurzem war es für viele Pilger das reinste Glück, sich auf der 1,5 km langen Strecke vom Tempel bis zum »Sommerhaus« Gundiacha Mandir unter die Räder zu werfen und so von Jagannath gesegnet zu sterben; nach einer Woche wiederholt sich das Schauspiel in umgekehrter Richtung.

Der *Badeort*: Leute aus Calcutta kommen gerne zur Erholung hierher, Beamte und Angestellte; sie lustwandeln auf dem weißen Sand; wenn sie sich ins Wasser wagen, dann voll bekleidet; die Brandung ist hoch, die Strömung stark; »Life Guards« bieten ihre privaten Dienste an, für 4 Rupees den halben Tag; schwimmen, gar einen Ertrinkenden retten können sie nicht, sie bewachen lediglich die Kleider derer, die sich nach westlicher (Un)sitte zum Schwimmen bis auf Badeanzug oder -hose ausziehen; eine enorme Zahl von Fischern aber trotzt den Fluten; ihre »Boote« bestehen aus zwei, drei aneinandergebundenen, kaum über die Wasseroberfläche hinausragenden Baumstämmen. (E4)

BESICHTIGUNG

Jagganath Tempel

Lord Jagganath, Herr des Universums, verabscheut keine niederen Kasten, das macht das Fest so beliebt, und alle sind willkommen in seinem Haus. Pardon, fast alle. Nicht-Hindus dürfen nicht hinein, sogar Indira Gandhi wurde einst der Zutritt verwehrt, war sie doch mit einem Ungläubigen verheiratet. Ungläubige oder mit Ungläubigen liierte Hindus dürfen jedoch vom Dach der Raghunandan Bibliothek in den Tempel hinabschauen, eine Spende wird unmißverständlich erbeten. Rund hundert kleine Tempel wird der Betrachter in dem Quadrat von fast 200 m mal 200 m um den Haupttempel erblicken, einen Shikara von 59 m Höhe und eine riesige Küche. Aus ihr werden die Pilger gespeist und überhaupt ist das Winterhaus des Jaggannaths eine mächtige Institution. 6000 Tempeldiener sind angestellt, um die Götter zu versorgen und zu pflegen, für die komplizierten Rituale sind sie in 36 Orden und 97 Klassen aufgeteilt. 14 000 weitere leben von und für die Ausgaben der Pilger.

RESTAURANT

Xanadu

Fisch, Garnelen und Hummer. *Chakratirtha Road, Kategorie 2*

HOTELS

Nilachal Ashok House

Neubau mit Pool und Park am Meer. *Nahe Raj-Bhawan-Complex, Tel. 2973, Kategorie 2*

Prachi Hotel

Unmittelbar am Meer gelegenes Restaurant mit chinesischer, indischer und westlicher Küche. *Swargadwar, Gourbashi, Tel. 2638, Kategorie 2*

Toshali Sands

Das Bungalow-Dorf »Orissa's Ethnic Village Ressort« liegt weit außerhalb Puris nahe dem menschenleeren Strand nach Konarak inmitten herrlicher Gärten und im Stil eines Fischerdorfs. Aber Luxus: Air Conditioning, Swimmingpool, Tennis, Fitneß-Center, Unterhaltung und Ausflüge zu Tempeln und Dörfern der Umgebung. *Konarak Marine Drive P.O. Baliguali, Puri, Tel. 2888, Kategorie 1*

Wolkenkratzer, Höhlentempel und Südseestrände

Die modernste Stadt Indiens, die großartigste Tempelarchitektur und die einstigen Refugien der Hippies finden sich im Westen

Bombay ist die westlichste Großstadt Indiens und dies nicht nur im geographischen Sinne. Als »Manhattan von Indien« gilt sie den Einheimischen, wohl Wunschdenken, denn trotz der wachsenden Zahl an Wolkenkratzern und trotz Mieten im Geschäftsviertel, die denen von New York kaum nachstehen, ist nicht zu übersehen, daß Bombay zugleich das »Bombay von Indien« ist, die am meisten industrialisierte Stadt, deren Verheißung von Reichtum wie ein Magnet auf Abertausende wirkt, die dann doch nur auf den Straßen schlafen können. Aber Bombay und sein Triumphbogen Gateway of India, als kleiner Willkommensgruß für King George V. erbaut, ist auch für die meisten der heute Reisenden das Tor zum Subkontinent, und das ist nicht schlecht. Denn Bombay bietet die Möglichkeit, erst einmal behutsam einzutauchen in das andersartige Land, sich einzugewöhnen, ohne gleich ganz alles Gewohnte aufgeben zu müssen.

Wo nicht nur Hippies Ruhe suchen: Strand von Goa

Schon beim Schritt auf die Planke der Fähre nach Goa ändert sich das. Auf dem Schiff beginnt das richtige Indien mit seinem Geschiebe und Gehaste. Goa selber ist wiederum das Refugium, welches die Hippies suchten, ein Garten Eden mit goldenen Stränden, bis 1961 noch portugiesische Kolonie, dessen Bürger in einer wohl weltweit einmaligen Kampagne sich gegen den Massentourismus sperren. Sie sind nicht fremdenfeindlich, demonstrieren aber gegen alles beherrschende Hotelneubauten und eine allzu große Zahl an Jumbojets voller Westler.

Indes ist auch der Westen altes ja, ältestes Indien. Die Höhlengemälde von Ajanta und Ellora erzählen die Fabeln von Lord

MARCO-POLO-TIPS FÜR BOMBAY UND DEN WESTEN

1 **Ajanta**
Die Höhlentempel der buddhistischen Mönche (Seite 83)

2 **Colva Beach**
Der schönste der schönen Strände von Goa (Seite 95)

3 **Crawford Market**
Offiziell Mahatma Jyotiba Phule Markt, die »Hallen« von Bombay (Seite 90)

4 **Taj Mahal**
Bombays bestes und eines der besten Hotels der Welt (Seite 92)

Buddha und wurden in der Zeit zwischen dem 8. bis 2. Jh. v. Chr. aufgetragen. Und nur 10 km vom Gateway of India, auf der Elephanta-Insel, sind einige der künstlerisch wertvollsten Beispiele von früher Höhlentempelarchitektur zu sehen: Gott Shiva als Tänzer, als Zerstörer des Bösen, als Yogi und als Mann und Frau in einer Person. Indischer als am Tor zu Indien ist das Land auch anderswo nicht.

AURANGABAD

Der Moghul-Kaiser Aurangzeb verlegte seine Residenz 1653 von Agra in diese erst fünfzig Jahre zuvor gegründete Stadt. Doch nicht wegen seiner kleineren Version des Taj Mahal, des Mausoleums Bibi-Ka-Maqbara, und auch nicht wegen der alten Mühle der Moghulen, Panchakki, nimmt einer heute den Flug oder die fast zwölf Stunden dauernde Busfahrt von Bombay hierher in Kauf. Aurangabad ist trotz der Palastruinen und Wehranlagen ein nur mäßig interessanter Marktflecken mit Industrieansiedlungen am Rande. Ziele sind die Höhlen von *Ellora (29 km)* und von *Ajanta (105 km)*, wo indes nur spärliche Unterkünfte zu finden sind. (C4)

BESICHTIGUNGEN

Bibi-Ka-Maqbar
Aurangzep hielt sein Geld wohl besser zusammen als sein Vater, der große Shajahan, den er überdies noch einkerkern ließ. Und so wirkt auch das Mausoleum, das Aurangzep für seine Frau Rabia-ud-Daurani nach dem Vorbild des Taj Mahal bauen ließ, klein, gedrungen, beherrscht von den vier Minaretten. Da helfen auch der Marmor des Grabes und der Stuck an den Wänden nicht weiter... *Tgl. von Sonnenaufgang bis 22 Uhr*

Panchakki
Wirklich interessant ist die Wassermühle der Moghulen, die noch heute funktioniert. Aus 9 km Entfernung führen unterirdische Rohre das Wasser zu einem Turm, von dem es sich stürzt und das Mühlrad antreibt und auch die hübschen Brunnen der Gärten füllt. An deren Rückseite

steht das Grabmal des Baba Shah Musafir, ein Sufi-Heiliger, den Kaiser Aurangzep überaus verehrte. *Tgl. von Sonnenaufgang bis 20 Uhr*

RESTAURANTS

Neelam

Vegetarische Imbisse. *Gegenüber dem Jubilee Park, Kategorie 3*

The Guru

Die Speisen des Punjab – und Bier. *Station Road, Kategorie 3*
Ansonsten sind nur die Hotel-Restaurants empfehlenswert

HOTELS

Ajanta Ambassador

Bar, Einkaufszentrum, Swimmingpool und Restaurant mit Tandoori-Spezialitäten, viele Kunstgegenstände und schwanenförmige Wasserhähne. *Airport Road, Tel. 8 22 11, Kategorie 1*

Aurangabad Ashok

Modern und luftig, mit ruhigem Garten und Swimmingpool. *Dr. Rajendra Prasad Marg, Tel. 2 45 20, Kategorie 2*

Printravel Hotel

Einfache aber saubere Zimmer, luftige Veranda. *Dr. Ambedkar Road, Tel. 2 47 07, Kategorie 3*

Welcomegroup Rama International

Die Halle mit Spiegeln und pfirsichfarbenem Marmorboden verspricht ein wenig mehr, als die Zimmer halten, aber doch gehobene Annehmlichkeit mit Pool und Air-Conditioning. *R-3 Chikalthana Road, Tel. 8 24 55, Kategorie 1*

ZIELE IN DER UMGEBUNG

Ajanta

★ Im Jahre 1819 jagte ein britischer Offizier einige Kilometer entfernt vom Dorf Ajanta nach Panthern und fiel fast in den überwachsenen Eingang einer Höhle, der heutigen Höhle 10, eine der ältesten. Die Höhle ist ein unterirdischer buddhistischer Tempel. Der Offizier hatte eine der wichtigsten archäologischen Entdeckungen der Neuzeit gemacht. Und es war eine Fügung des Schicksals, daß jahrhundertelanges Unwissen die Höhlentempel vor Raub und Zerstörung schützten. Wenige Jahre nach der Entdeckung schon waren die antiken Gemälde mit Namen von Besuchern bekritzelt, erst spät schritt die indische Regierung ein und sorgte für den Erhalt. Heute sind die Höhlentempel weltweit als Indiens bedeutendste Kunstschätze angesehen. Sie zeigen in Bildern und Skulpturen Szenen aus dem Leben Buddhas und aus den buddhistischen Legenden. Mönche gruben von etwa 200 v. Chr. bis 600 n. Chr. die Höhlen aus dem schieren Gestein. Dabei sparten sie schon die Umrisse der Figuren in perfekter Proportion aus, ein monumentales Werk. Für die Malereien wurde die Felswand mit einer 10 bis 15 mm dicken Schicht aus Tonerde, Kuhmist, Reishülsen und Tierhaaren bedeckt. Darauf trugen sie eine weiße Kalkschicht auf. Mit Rot zeichneten sie die Umrisse ein, kolorierten und akzentuierten diese. Am Schluß polierten sie die Oberfläche. Manche der Szenen wirken noch so frisch wie vor 1500 Jahren. 30 Höhlen gibt es insgesamt in dem sichelförmigen Bergrücken. Die schönsten Gemälde sind in den Höhlen 1, 2, 16, 17 und 19 zu bestaunen. In Höhle 1 sind die Bodhisattvas, Avalokitesvara und Padmapani zu sehen, potentielle Buddhas, die aus Mitgefühl das Erlangen des Buddha-Seins verweigerten. Padmapani hält an anderer Stelle eine Lotusblüte, neben ihm steht sein wollüstiges Weib. In Höhle 2 illustrieren die Malereien die Ereignisse zu Buddhas Geburt. Bezaubernd ist die Kamée von der Frau bei ihrer Toilette. Besonders berühmt sind auch die Höhlen 16 und 17. Das Pathos der »sterbenden Prinzessin« ist herzergreifend in Höhle 16, das Schminken der Frau in Höhle 17 von verführerischer Anmut.

Die großartigsten Skulpturen sind in den Höhlen 1, 4, 17, 19 und 26 zu finden. In Höhle 1 steht eine wunderbare Buddha-Statue, in Höhle 4 flüchten die Figuren vor dem Übel, in Höhle 17 tragen Zwerge die Säulen, in Höhle 19 beschattet der Cobrakopf eines Naga, Schlangenkö-

Die Pracht zeigt sich erst im Inneren: Höhle 26 von Ellora

nig, Buddhas Haupt, in Höhle 26 wird der ruhende Buddha in Versuchung geführt.

Ellora

Aus unbekannten Gründen verließen die Mönche im 7. Jh. Ajanta und setzten ihr Kunstwerk in Ellora fort. Hier gruben sie mit ihrem Handwerkszeug 34 weitere Höhlentempel in zwei Kilometer Bergrücken. Doch nur 12 der 34 Tempel sind buddhistisch und auch sie weisen schon Hindu- und Jainmotive auf, Zeichen für den langsamen Abstieg des Buddhismus. Im 13. Jh. endete die Arbeit am großen religiösen Kunstwerk hier. Sie mag noch umfassender gewesen sein, als bisher angenommen. Unlängst wurden 28 weitere Höhlen in den Hügeln oberhalb entdeckt (aber noch nicht erforscht). Sie stammen vermutlich aus dem 9.–13. Jh. und enthalten anscheinend Hinduskulpturen. Höhle 11 und 12 der zugänglichen sind die beiden mit der ambitioniertesten Architektur, zwei beziehungsweise drei Etagen mit skulpturierten Innenwänden, noch aus buddhistischer Zeit.

Doch weit eindrucksvoller sind in Ellora die 17 Hindu-Höhlentempel. Die ganze Gruppe wird beherrscht von dem massiven, dreilagigen Turm des Kailasha Tempel (Höhle 16). Hier ist die Bezeichnung Höhle irreführend, das Bauwerk wurde als Ganzes aus dem dunklen Vulkangestein gehauen, 200 000 Tonnen Fels dabei abgetragen, die größte monolithische Struktur der Welt. Die Mönche arbeiteten von oben nach unten, meißelten erst das Dach aus dem Stein, gingen dann ans Interieur, die nicht-tragenden Säulen zu dekorativen Zwecken aussparend. Der Tempel stellt Shivas Haus im Himalaya dar und ist außergewöhnlich fein mit Szenen verziert, die das Drama und die Leidenschaft der Hindumythologie ausmachen. Der eigentliche Tempel besteht aus drei Teilen, dem Schrein des Bullen Nandi, der Haupthalle und dem kleinen Lingam-Schrein. Kailasha ist der Name von Shivas Heim auf dem Himalaya und wie selbstbewußte Ironie wirkt das Meisterstück der Skulpteure, die Abbildung des Dämonen Ravana, der den Kailash-Berg vergebens schüttelt.

Nicht ganz so großartig sind im Vergleich die Steinschnitzereien der Höhlen 14, Rava Kahki, 15, Das Avarta, 21, Ramesvara, und 29, Dumar Lena. Die fünf Jain-Tempel im Norden stammen aus der letzten Phase der Mönchskunst von Ellora. Sie sind weit weniger spektakulär, wohl aber sehr detailliert gearbeitet, besonders Nummer 32, Indra Sahha, mit vielfältigen Säulenformen und einer schönen Deckenmalerei im Obergeschoß.

Für Ajanta und Ellora: *Tgl. 9–17.30 Uhr, 50 Paise, Fr frei, 5 Rupees Lichtgebühr* (unerläßlich), besonders in Ellora, wo Sonnenlicht einfällt, ist es im *April* und *Mai* extrem heiß, der Monsun von Juni bis September läßt Wasserfälle von den Klippen über den Ajanta-Höhen springen, eindrucksvoll, aber etwas beschwerlich; beste Zeit zur Besichtigung ist *Oktober* bis *März*, an Wochenenden und Feiertagen kann sich der Andrang mit der Rush-hour von Calcutta messen.

BOMBAY

Lifeseeing, nicht Sightseeing empfehlen Bombays Tourismusexperten, das Leben ansehen, nicht die Stätten. Es ist der Rat, aus der Not eine Tugend zu machen. Bombay ist Indiens wirtschaftliche Muschel und sein finanzielles Herz. Der Flughafen ist der beschäftigste des Landes, der Hafen der größte. Auf der Welt gibt es keinen bedeutenderen Textilmarkt als den von Bombay. Zwischen dem Colaba Point ganz im Süden der Halbinsel und dem Malabar Hill der Wohlhabenden ragen ein gutes Dutzend Business Towers in den Himmel. Fast die Hälfte aller in Indien fälligen Steuern werden in Bombay abgeführt. Wenn ein Restaurant anderswo in Indien sich als besonders gut empfehlen will, preist es seine Gerichte als »Bombay Style« an.

Den Parsen gehören die unscheinbaren »Türme des Schweigens« am Fuß des Malabar-Hill-Viertels, dort werden ihre Toten den Geiern zum Fraß vorgesetzt. Elegante Kolonialgebäude geben manchen Stellen immer noch den Anstrich des vorigen Jahrhunderts. Unzählbare Büros, moderne Fabriken und antiquierte Textilbetriebe beschäftigen Millionen. Und all das wirkt: auf das restliche Land. Bombay ist ein Magnet, eine Metropole der Verheißung, von der sich manch einer verspricht, daß sie für ihn die Stadt wird, in der er es vom Tellerwäscher zum Millionär schafft. Acht Millionen Menschen leben offiziell in dieser zweitgrößten Stadt Indiens, auf einer Fläche, die so klein ist, daß die Bevölkerungsdichte mit 43 000 pro qkm die höchste der Welt ist. Drei Millionen weitere pendeln regelmäßig aus den Vororten. Aber drei, vier oder wer weiß wie viele Millionen mehr kommen einfach dazu – in der Hoffnung, Brot und Arbeit zu finden. »Zopadpatties« heißen die Viertel aus Pappe und Plastik. Schon bei der Ankunft versetzen sie einen in Schock. Die Flugzeuge schweben beim Anflug nur wenige Meter über sie hinweg. Die 20 km lange Fahrt ins Zentrum zeigt immer wieder, wie vergeblich die Stadt versuchte, die Zopadpatties aufzuräumen, durch Sanierung manchmal, durch schlichtes Planieren ein anderes Mal. Bisher ist noch jede Verwaltung von Bombay beim Versuch gescheitert, Massenelend, Prostitution und Verbrechen zu beseitigen. Eine löbliche Ausnahme ist der Versuch, in einer Satellitenstadt auf dem Festland Häuser aus je einem Raum für weniger als 2000 Mark zu bauen, die von den Käufern erweitert werden können. Normalerweise hat der Bulldozer das letzte Wort bei der Reinigung von Zopadpatties, mit der Folge, daß sie sofort ein paar Meter weiter wieder neu entstehen.

Bombay hat keine aufgezeichnete ältere Geschichte. Früher wohnten auf den Inseln Kolis, Fischer, aus deren Namen das alles verratende Wort Kuli wurde. Buddhistische und Hindu-Dynastien beherrschten die Region bis zum 13. Jh., ohne Interesse an dem Küstengebiet zu zeigen. Spätere Moslemfürsten überließen die Inseln den Portugiesen. 1661 gingen sie als Teil der Mitgift der Katharina von Braganza, Braut von Charles II., an die bri-

Im Gedränge von Bombays Straßen

tische Krone – die heute noch nicht vollendete Entwicklung begann. Während der nächsten 150 Jahre wurden die sieben Inseln Stück für Stück miteinander verbunden. Parsen, Jains und Moslems wurden ermuntert, sich als Händler in Bombay niederzulassen, Handwerker aus dem Gujarat ebenso. Einen großen Sprung nach vorne brachte der Bau der ersten Eisenbahn im Jahre 1853. Der Baumwollhandel blühte, zumal die Vereinigten Staaten sich bald darauf im Bürgerkrieg trennten und die Lieferungen von dort nach Europa ausblieben. Der Suezkanal verkürzte den Seeweg beträchtlich. Der Reichtum der zweiten Hälfte des 19. Jhs. offenbart sich noch heute in den eindrucksvollen viktorianischen Gebäuden von Regierung und Kommerz.

Just die Folgen der britischen Kommerzialisierung sind es auch, die einen weiteren, treffenderen Vergleich mit New York und dem richtigen Manhattan zulassen. Bombay ist ein Schmelztiegel und – wie der amerikanische – bei dem die Metapher nur halbwegs stimmt. Die vielen Bevölkerungsgruppen gingen nicht ineinander auf, sie existieren eher unvermischt nebeneinander. Aber sie bilden doch eine unendliche Vielfalt.

Zuwanderer aus den unterschiedlichsten Landesteilen finden immer noch den Weg in die Viertel der ihren. Familienbande spielen da eine Rolle und sicher auch das Gefühl fern der Heimat Vertrautes in Religion und Sitten vozufinden. Bei genauerem Hinsehen lassen sich die fast geschlossenen Quartiere sogar von traditionellen Handwerkergruppen erkennen. Wer durch Hinterhöfe streift kann muslimische Frauen in den alles verhüllenden, schwarzen Gewändern ebenso sehen, wie sikhistische Männer mit Dolch und Turban.

Auf den innerstädtischen Straßen dominieren zwar westliche Anzüge und billige Saris aus Kunstfasern. Aber in den Berufen haben viele ihre alten Nischen halten können. Brahmanen fühlen sich immer noch für die Verwaltung berufen, in Indien, nebenbei, dem Priesterstand, aus dem sie stammen, gar nicht so unähnlich. Nicht selten sind sie aber auch Köche, weil sie als rein gelten. Textilindustrie und Edelsteinhandel sind fest in der Hand der Jains.

Sikhs sind nicht nur gewandte Geschäftsleute, sondern anscheinend prädestiniert für das Unterwegs: Piloten, Fernfahrer, Taxichauffeure. Unterhaltung und Tourismus? Hier dominieren die Katholiken aus Goa. Und auf Bombays sozialer Leiter stehen

Bombay

1 km

1 Mint
2 Town Hall, Asiatic Society Library
3 Old Customs House
4 St. Thomas
5 Flora Fountain
6 Rajabai Tower
7 Jehangir Art Gallery
8 Prince of Wales Museum

die Moslems weit unten, Arbeiter und kleine Händler.

Von Bombay gehen die meisten Inlandsflüge ab. Der Santa-Cruz-Airport, eigenartigerweise nur ein weit entfernt gelegenes Terminal des internationalen Sahar-Airport auf demselben Flugfeld, verbindet mit allen wichtigen Zielen des Landes. Zwei verschiedene Eisenbahnnetze beginnen hier. In den Norden geht es vom Churchgate (für nähere Ziele) und von der Bombay Central Station (für fernere) mit den Bahnen der Western Railway. Nach Süden, Osten und via der nördlichen Strecke durch Zentralindien fahren die Bahnen der Central Railway vom Victoria Terminus.

Salaam Bombay, herzlich Willkommen. (B 4)

BESICHTIGUNGEN

Chowpatty Beach

Nicht des Badens wegen, sondern zum Gaffen und Flanieren geht man an diesen Strand mit Promenade vor dem Halbbogen des *Marine Drive*. Gaukler und Jongleure, Märchenerzähler und Masseure beglücken das Publikum. Oft weht eine frische Brise, Kioske bieten Getränke an. In Kutschen kann man sich den Marine Drive entlang spazieren fahren lassen. Am Chowpatty hielten Unabhängigkeitsredner flammende Ansprachen. Noch heute geben hier politische Agitatoren auf Seifenkisten ihre Theorien zum besten, ein wenig wie im Londoner Hyde Park.

Gateway of India

Das Wahrzeichen der Stadt *zwischen den Hafendocks*: 26 m hoch, gebaut 1911 aus Anlaß der Landung von König George V., der auf dem Wege zu seiner Krönung als Kaiser von Indien in Delhi vor diesem gotisch-gujaratisch, gelben Basaltbogen von Bord gehen mußte. Daneben stehen die Denkmäler des (reitenden) Nationalhelden Shivaji und des (stehenden) Philosophen Swami Vivekananda, dahinter erstreckt sich das alte Stadtzentrum mit den Bauten des vorigen Jahrhunderts.

Hanging Gardens

Jenseits des Chowpatty in der Wohngegend von Bombays Oberklasse, dem Malabar Hill, erstrecken sich die hängenden Gärten, das Kunstwerk der Landschaftsplaner, in dem die Gärtner unablässig die Büsche stutzen, damit sie die Formen von Affen, Elefanten und Giraffen beibehalten. Die Aussicht ist herrlich, die »Türme des Schweigens«, wo die Parsen ihre Leichname ablegen, um Feuer und Erde nicht zu verunreinigen, sind gleichwohl nur an den aufflatternden Geiern zu erkennen.

Fast eher ein Zoo als ein Park: Bombays »Hängende Gärten«

Mahatma Jyotiba Phule Markt
Der neue Name ist auch den meisten Indern viel zu lang, ★ *Crawford Market* nennen sie immer noch die Markthalle aus dem Jahre 1871, in der sich die Gemüse-, Obst- und Gewürzberge türmen, in der es sauberer ist, als auf anderen Märkten Indiens, in der sich gleichwohl kein Fremder dem beharrlichen Anbieten der Händler entziehen kann. *Ecke Carnac und D. Naoroji Road*

Mumbadevi Tempel
Die Koli-Fischer verehrten in diesem Tempel aus dem Jahre 1753 zwischen dem *Crawford Market* und dem *Buleshwar Marktviertel* ihre Schutzgöttin Mumbadevi, aus deren Namen die Europäer Bombay ableiteten.

Rajabai Turm und Kolonialbauten
Ehedem durfte die spiralenförmige Treppe des Turms der alten Universitätsbibliothek erklommen werden, jetzt nicht mehr. Er ist das höchste (78 m) Bauwerk der Kolonialzeit. Auch die anderen englisch-indischen Gotikbauten der Gegend sind den Blick wert, die *Universität* selber, das gigantische *High Court* mit dem pyramidenförmigen Dach und nordöstlich der »Oval« genannten Grünfläche, das *Victoria Terminus*. Der kurz als »VT« bezeichnete Bahnhof bewältigt jeden Tag tausend Züge, auf seinen Außenwänden ist, angemessen, die indische Transportgeschichte verewigt. Praktisch mitten im alten Hafen stehen die *Münze* und die *Town Hall*, heute die Bibliothek der Asiatic Society, mit ihren klassizistischen Fassaden. Mittelpunkt des alten politischen und geschäftlichen Zentrums ist der *Flora Brunnen* auf der *Mahatma Gandhi Road*.

RESTAURANTS

In Bombay bietet sich die seltene Gelegenheit, einmal Parsi-Gerichte zu probieren, das Essen der Parsen, die im 7. und 8. Jh. aus Persien in diese Gegend flohen. Wer sich auf der Durchreise nach Goa schon einmal an die indisch-portugiesische Küche gewöhnen will, kann dies in den populär gewordenen Goa-Restaurants tun. Traditionell wird in Bombay ein Thali gereicht, eine Metallplatte mit Reis in der Mitte und Gemüsen, Curds, Chutneys und Pickles drumherum. Althergebracht sind aber auch die Puris, wo man mit Brot oder Reis nach den Curries und Chutneys greift. Die Auswahl ist riesengroß. Neueste Mode sind die Mittagsbuffets der großen Hotels mit indischen und westlichen Gerichten, die dem Reisenden die Möglichkeit geben, erst einmal alles auszuprobieren, die Vielfalt kennenzulernen.

Berry's
Angeblich Bombays ältestes Restaurant mit Naans und Tandooris, Biryani- und Moghulgerichten, die einem alle auf Englisch erklärt werden. *V. Nariman Road, nahe Churchgate Station, Tel. 2 04 60 41, Kategorie 2*

China Garden
Ein wenig überladene Plastikeinrichtung, aber chinesischer ist es auch in China selber nicht – Auswahl aus 132 Gerichten. *Om Chambers, 123 August Kranti Marg, Tel. 8 28 08 41, Kategorie 1*

Landmark
Rosa und graue Marmorböden, westliche und Parsi-Gerichte, die Erlöse dieses schönen Restaurants gehen an die parsische Hilfsorganisation Ratan Tata Institut. Der in Bananenblättern mit Chutneys gestopfte Fisch Patrani Machli und das Curry Dhansak (= großer Mund) verlangen einen außerordentlich guten Appetit. *35 S. Patkar Marg, Tel. 8 22 60 77, Kategorie 2*

O Balcao
Die eigenwillige, pikante Mischung von Curries und Würstchen, die in Goa vorherrscht, eingerichtet wie ein goanischer Balkon. *Hotel Metro Palace, Hill Road, Bandra, Tel. 6 42 73 11, Kategorie 2*

Rajdhani
Winziger, tadellos sauberer vegetarischer Imbiß, spezialisiert auf Thalis aus Guajarat. *361 Sheikh Memon Street, nahe Crawford Street und gegenüber dem Mangaldas Markt, Kategorie 3*

Rooftop Rendezvous
Der ursprüngliche Ort der fabelhaften Lunch-Buffets – von allen Gerichten so viel wie man will. *Im Taj Mahal Hotel, Apollo Bunder, Tel. 2 02 33 66, Reservierung ratsam, Kategorie 1*

Samarambh Restaurant
Vegetarische Thalis aus allen Gegenden Indiens. *Bhagat Singh Road neben dem B. E. S. T House, Tel. 2 87 47 34, Kategorie 3*

EINKAUFEN

Nirgendwo sonst in Indien kann man so gut und so viel einkaufen wie in Bombay. In allen Läden außer in denen mit Festpreisen muß zäh gehandelt werden. Nahe den Hotels ist alles teurer, meist aber auch von besserer Qualität. Bombays Führer dürfen nicht, wenn sie staatlich registriert sind, mit Touristen einkaufen gehen; so entfallen Schlepperkommissionen. Bei Antiquitäten, Edelmetallen und echtem Schmuck die für die Ausfuhr nötigen Zertifikate nicht vergessen!

Chetana Crafts Centre
Große Auswahl von Geschenken, Souvenirs und Handarbeiten aus den verschiedenen Bundesstaaten. *K. Dubash Marg* (auch bekannt als *Rampart Row*), *Tel. 24 49 68, Mo–Sa 10.30–18.30 Uhr*

Chor's Bazar
Der bunteste Flohmarkt, der »Markt der Diebe« (wirklich!), auf dem von der Gitarre ohne Saiten bis zum kostbaren chinesischen Schrank alles gefunden werden kann. Wer hier nicht zu feilschen versteht, wird gnadenlos ausgenommen. *Nahe Mohhamed Ali Road, Mo–Do u. Sa*

Cottage Industries Emporium
Kleidung, Handarbeiten, Stoffe, Seiden, alles zu Festpreisen. *34 C S. Maharaja Marg* (ehedem *Apollo Pier Road*), *Tel. 2 02 24 91, Mo–Sa 10–18.30 Uhr*

Jhaveri Bazar
Das Basargebiet von mehreren hundert Juwelieren und Schmuckhändlern, eine Augenweide, auch wenn man nichts kaufen will. *Ecke Kalbadevi und Sheikh Mermon Streets, nahe Crawford Market*

World Trade Centre
Emporien mehrerer Bundesstaaten, Folklore, Handarbeiten, Kunsthandwerk, Stoffe, bes.: *Kashmir Oriental Carpert, Enterprises und Cuffe Parade, Mo–Fr 10.30–13 u. 15–17 Uhr, Sa 10.30–14 Uhr*

HOTELS

Chateau Windsor Guest House
Einfaches aber ordentliches Guesthouse ohne Restaurant, Zimmer mit und ohne Bad. *86 V. Nariman Road, Curchgate, Tel. 2043376, Kategorie 2/3*

Grand Hotel
Modernisierte Halle, aber in den Zimmern (alle mit Balkon) noch der verwelkte Charme und die Großzügigkeit der zwanziger Jahre. *Ballard Estate, Ballard Pier, Tel. 2618211, Kategorie 2*

Oberoi/Oberoi Towers
Eleganter Luxus-Komplex mit viel Marmor und Kunst im gehobenen internationalen Standard, Bars, Disko, Restaurants, Swimmingpool, Shopping Center – wenn schon eines der 1075 Zimmer, dann am besten mit Meeresblick im Oberoi. *Nariman Point, Tel. 2024343 und 2025757, Luxuskategorie*

Ritz Hotel
Großzügiger, altmodischer Charme in hell und hübsch eingerichteten Räumen. *J. Tata Road, Tel. 220141, Kategorie 1*

Sea Green South
Schlichtes Haus in hervorragender Lage am Chowpatty. *145-A Netaji Subhash Road, Tel. 221613, Kategorie 2*

Taj Mahal
★ 1903 mit 17 Gästen von dem parsischen Industriellen Jasetji Tata eröffnet, weil er zuvor mit der üblichen Bemerkung »for Europeans only« von einem britischen Hotel-Restaurant abgewiesen worden war. Tata wollte ob der Schmach seinerseits das beste Hotel der Stadt bauen – und es wurde eines der besten der Welt. Längst ist das alte Haus um einen modernen Turm erweitert worden, aber der Hang zum Ultraluxuriösen bleibt. Alle paar Jahre werden die berühmten Suiten neu gestaltet. Die Zimmer sind stets auf dem gehobenen Standard. In den Suiten (ab 1000 Mark) schliefen die Reichen und Schönen der Welt. Die Zimmer in den schmalen Seitenflügeln aus der Jahrhundertwende sind indes auch ein Erlebnis in Nostalgie und Verwöhnung. Bars, Restaurants, Fitneß-Club, Swimmingpool und Schönheitssalon fehlen nicht. *Apollo Bunder, Tel. 2023366, Luxuskategorie*

AM ABEND

Diskos: *Cellar* im *Oberoi Towers, Scorpio's* im *Holiday Inn, Balraj Sahani Road, Juhu Beach.* Klassischer Tanz in den großen Hotels, z. B. *Taj Mahal.* Kino mit westlichen, synchronisierten Filmen: *Metro, Dhobi Talao* und *Regal, Colaba Causeway.* Bezahlte Liebe: *Red light district* im *Colaba-Viertel, Lal Bazar.*

AUSKUNFT

Tourist Office
123 M. Karve Road, Downtown, Tel. 293144

ZIEL IN DER UMGEBUNG

Elephanta
Nach Ajanta und Ellora eine Enttäuschung, vor den Höhlentempeln im Inland ein Appetitanreger. Die Höhlentempel auf der Elephantainsel wurden schon von den Portugiesen als Ziele für Schießübungen mißbraucht. Von den acht Höhlentempeln hier ist der Mahesha-Tempel der sehenswerteste. Monumentale Götterbilder sammeln sich um die Inkarnation des Gottes Shiva. Ein immenses Lingam-Phallussymbol wird von acht elegant frisierten Torhüterstatuen bewacht. Die Bootsfahrt zu der Insel dauert etwa eine Stunde. *Abfahrt am Gateway of India, tgl. 9–14 Uhr, auch während des Monsun, es sei denn die See ist außergewöhnlich rauh, Reservierungen Tel. 2 02 63 84*

GOA

Aquamarinblaue See, goldener Sand, die sieben Strände von Goa wurden in den sechziger Jahren als Mekka der Hippies und Aussteiger weltweit bekannt. Und Goa, ein eigener Staat mit nur gut einer Million Einwohnern, ist wohl die unindischste Region des Subkontinents. Elegante iberische Villen, Bars, in denen Feni-Schnaps aus Cashews und Kokosnüssen serviert wird, Kopfsteinpflaster, Karneval, vierzig Prozent Katholiken und eine trotz der Proteste ständig steigende Zahl von Strandhotels – Goa ist Indiens Südseeoase mit stark mediterranem Einschlag. Besichtigungen braucht man hier nicht allzugroß auf die Tagesordnung zu schreiben, obwohl ein Gang durch Alt-Goa, von dem es heißt, wer es gesehen habe, kann sich Lissabon ersparen, natürlich obligatorisch ist. Die Strände indes bieten die Gelegenheit, eine Zeitlang dem indischen Gedränge zu entrinnen.

Schon der griechische Geograph Ptolemäus berichtete von einer Ansiedlung namens Kouba, arabische Seefahrer nannten den Ort Sindabur. Im 11. Jh. gründete die Kadamba-Dynastie eine Vorläuferin des heutigen Alt-Goa als Goapuri. Der fabelhafte Naturhafen machte Goapuri zu einem wichtigen arabisch-indischen Handelszentrum, das Ende des 15. Jhs. unter moslemische Herrschaft geriet. 1510 aber landeten die Portugiesen unter Alfonso de Albuquerque, eroberten Goapuri und das Hinterland. 1542 kam der Heilige Franz Xaver auf Missionsreise, um die Heiden des Fernen Ostens zu bekehren. Holländer, Franzosen und Briten versuchten, den Portugiesen die Kolonie abzujagen. Doch sie blieb in deren Besitz, wichtigster Stützpunkt für den Fernosthandel, Ausfuhrhafen für Seiden und Gewürze. Nicht einmal 1947, als die Briten vom indischen Subkontinent abzogen, war Portugal bereit, die Kolonie abzutreten. Verhandlungen scheiterten. 1961 marschierten indische Truppen in das Territorium und zwangen die Portugiesen zum Abzug. 1987 wurde Goa unter großem Pomp zum 25. Staat der Indischen Union erklärt.

Wegen der Flüsse, die Goa durchziehen, und der breiten Buchten sind viele Orte mit Fähren verbunden, die teils zwischen *7 und 23 Uhr* sogar im *10-Minuten-Takt* auslaufen, teils aber auch nur bei gutem Wetter in der Zeit von *Sept.–Mai* verkehren. Es ist eine schöne und gemütliche, pittoreske Art des Herumkommens. Auch von Bombay nach Goa läßt sich so reisen; *sechsmal in der Woche fahren die Mughal-Lines* von Bombay in die Hauptstadt Goas, *Panaji.* Es dauert gut *22 Std.* und ist Indien pur: *rund 35 Mark* in der Mehrbettkabine, ordentlich beladen, keine Fahrt, wenn der Monsun einsetzt oder länger als erwartet anhält, keine Fahrt auch, wenn das Schiff wie 1989/1990 wegen der Spannungen auf Sri Lanka von der indischen Marine kurzfristig »ausgeliehen« wird. (B 4)

BESICHTIGUNGEN

Mangeshi-Tempel

Das bedeutendste hinduistische Pilgerzentrum Goas, dem Gott Shiva gewidmet. *22 km östlich von Panaji*

Sri Brahma Tempel

Einer der wenigen Brahma-Tempel Indiens. *7 km östlich von Valpori, nahe der Grenze zu Karnataka*

Velha Goa

Die portugiesischen Bauten von Alt-Goa lassen sich spazieren gehend besichtigen. Unübersehbar ist die *Basilika Bom Jesus* , 1605 von Jesuiten gebaut. In der Seitenkapelle ruht der Silbersarg des Heiligen Franz Xaver, der 1522 auf einer Insel im Südchinesischen Meer starb. Dem Leichnam fehlen zwei Zehen, die Fanatiker abrissen, und ein Arm, den sich ein Papst als Reliquie schicken ließ. Oberhalb des Schreins ist das missionarische Leben des Heiligen abgebildet.

Gegenüber steht der größte Kirchenbau Goas, die *Kathedrale der Heiligen Katharina,* auf portugiesisch heute noch Sé Cathedrale genannt. Sie wurde direkt auf dem Schlachtfeld der portugiesischen Eroberung gebaut. Der Katharinenaltar und 14 weitere, reich geschmückte Altäre zeugen von der Macht und Herrlichkeit der Kirche der Kolonisatoren, an der von 1562 bis 1619 gebaut wurde.

Am Kloster und an der Kirche des Heiligen Franz von Assisi ist das Portal interessant. Es stammt noch von der vorherigen moslemischen Moschee.

Die *Sankt Kajetanskirche* wurde 1655 von italienischen Ordensbrüdern nach Plänen des Petersdom gebaut. In ihr wurden die portugiesischen Erzbischöfe und Vizekönige beigelegt. Der friedliche Platz davor war einst die Stätte der Inquisitionsprozesse. Vom Konvent der Heiligen Monika sind noch einige Strukturen und Wandgemälde erhalten, die Aufschluß über das Leben der Nonnen geben. Von der Kirche *Sankt Augustins* ist nur noch der 46 m hohe Turm stehen geblieben.

STRÄNDE

Die Hippies, ehedem selber Ziel touristischen Gaffens und einheimischen Staunens, bevölkern zwar immer noch Goa, haben sich aber großenteils an den weit südöstlichen *Benaulim-Strand* zurückgezogen, wo immer noch Fischerhütten für ein paar Rupees am Tag zu mieten sind. Wenn von den Beaches die Rede ist, meinen die Leute indes meistens *Calangute* nördlich der Hauptstadt Panaji und *Colva* in südlicher Richtung. Am nähesten zu Panaji liegen der palmengesäumte Strand *Dona Paula*, von welchem aus man den *Marmagoa-Hafen* sehen kann, und *Miramar*. Calangute liegt jenseits des Mandovi-Flusses, hat einen breiteren Strand, aber wenige Palmen und ist stärker (mit Hotels) entwickelt als alle anderen. Noch weiter nördlich schließt *Baga* an, wo die Bäume schon wieder etwas üppiger sprießen. *Anjuna* hinter Baga ist wegen seiner roten Klippen und des mittwöchlichen Flohmarkts beliebt.

6 km südlich von Margao beginnt ★ Colva, von fabelhafter Südseeschönheit, zugleich aber auch Hauptort des Chartertourismus. *Benaulim* weiter südlich wird von Deutschen bevorzugt, die wohl die größte Gruppe der Aussteiger stellen. Wer ganz dem westlichen Tourismus entfliehen will, muß sich auf den Weg nach *Terekhol* in die nordwestlichste Ecke Goas oder nach *Palolen* weit im Süden, nahe dem Ort *Chauri*, machen.

RESTAURANTS

An allen Strandorten Goas sind kleine Imbisse und einfache, aber gute Restaurants zu finden. Wo ein Tourist seinen Fuß hinsetzt, findet sich schnell ein Inder, der einen Stand aufmacht. Fisch und Meeresgetier sind meist hervorragend. Einige Besonderheiten sind Vindaloos, scharf gewürzte und vor dem Kochen marinierte Garnelen, Geflügel, Fleisch oder Gemüse, Foogaths, in Kokosnußsaft gedämpfte würzige Gemüse, Buffads, Eintöpfe, Bebinia, ein siebenlagiger Kuchen und natürlich Wurst wie in Portugal.

Goenkar

Spiegelsaal, den die Einheimischen lieben, Fischspezialitäten, indische Gerichte, Tip: Fisch-Thali. *Panaji, nahe dem Polizeigebäude, Tel. 6729, Kategorie 3*

O Coqueiro

Goanische Würstchen und viele Fischgerichte. *Porvorium, 4 km von Panaji, Tel. 7271, Kategorie 2*

Koloniales Erbe als Gaumenfreude: portugiesische Chorizo-Würste im Angebot der Händlerinnen von Goas Mapusamarkt

RESTAURANTS AN DEN NÖRDLICHEN STRÄNDEN

Coconut Inn
Altes goanisches Haus mit Terrasse und Garten: Riesengarnelen mit Knoblauchbrot. *Candolim Beach an der Straße nach Calangute Beach, Kategorie 2*

Fort Aguada
Fisch vom Grill im Freien, dazu Romali roti, das papierdünne Brot. *Aguada Beach, Tel. 875 01, Kategorie 2*

Hotel Souza Lobo
Trotz des Namens im wesentlichen ein Fischrestaurant (die später angebauten Zimmer sind kaum empfehlenswert). *Calangute, Tel. 79, Kategorie 3*

The Tamarind Lodge
Sehr westlich ausgerichtet mit Ratatoille und Spaghetti, der Hotelteil ist annehmbar. *Kumar Vaddo, Anjuna, Kategorie 2*

RESTAURANTS AN DEN SÜDLICHEN STRÄNDEN

Caroline's
Fisch, Garnelen und Hühnchen. *Colva, Kategorie 3*

Vincy's
Colvas ältestes Café, jetzt auch mit Zimmervermietung, auch hier Goas Triade: Fisch, Garnelen, Hühnchen, aber etwas teurer. *Colva, Kategorie 2*

HOTELS IN UND NAHE PANAJIS

Wer länger bleibt, sollte erwägen, das zu tun, was *man* einfach macht in Goa, ein Cottage zu mieten. Gewöhnlich sind sie in Strandnähe, haben neben dem Hauptraum eine kleine Küche und ein oder zwei Schlafzimmer. Bettzeug und Handtücher werden selten gestellt, können aber billig in Mapusa, Panaji oder Margao gekauft werden. Man muß ein bißchen suchen; wo etwas frei ist, erfragt man in den Cafés. Viele Besitzer »vermieten« Personal fürs Kochen und Saubermachen gleich mit. Preise richten sich nach Ausstattung, Größe und Saison, Handeln ist durchaus üblich. Auch Hoteliers sind manchmal bereit zu handeln, vor allem außerhalb der Saison. Goa kennt drei Saisons, die hohe vom *15. Dez.–31. Jan.*, die mittlere vom 1. Feb.–30. Juni sowie *1. Okt.–14. Dez.*, die tiefe vom *1. Juli–30. Sept.*. Aber auch in der Woche *vor und nach dem 3. Dez.*, dem Fest des *Heiligen Franz Xaver* kann alles teurer (und ausgebucht) sein. Unsere Kategorien beziehen sich auf die Höchstpreise.

Cidade de Goa
Recht großer Komplex (101 Zimmer), der einer mittelalterlichen portugiesischen Stadt nachempfunden ist. Tennis, Salz- und Süßwasserpool, Privatstrand. *Curat, Vainguinim Beach, Dona Paula, Tel. 33 01, Kategorie 1*

Hotel Mandovi
Charme der dreißiger Jahre, Zimmer mit Balkons über dem Fluß, Bar und gutes chinesisches Restaurant. *P. O. Box 164, Panaji, Tel. 62 70, Kategorie 2*

Mayfair and Rohma Hotel
Kleine, einfache Zimmer in einem alt-portugiesisch wirkenden Haus. *Dada Vaidya Road, nahe*

Mahalaxmi Tempel, Tel. 61 74, Kategorie 2/3

Villa Sol Hillshore Resort
Neu, aber geschmackvoll im traditionellen Stil gebaut und eingerichtet. Herrlicher Meeresblick, Balkons, Restaurant. *Dona Paula, Tel. 50 45, Kategorie 2*

HOTELS AN DEN NÖRDLICHEN STRÄNDEN

Aguada Hermitage
Luxuriöse Villen auf einer Anhöhe über dem Meer, alle mit Veranden und altgoanischer Einrichtung. *Sinquerim, Bardez, Tel. 8 75 01-7, Luxuskategorie*

Calangute Tourist Resort
Der alte Favorit der »Traveller«, einige Einzelzimmer, Schlafsaal für 92 Gäste. *Calangute, Tel. 24, Kategorie 3*

Fort Aguada Beach Resort
In den Gemäuern des 300 Jahre alten Forts, Strand, Swimmingpool, Bar und Restaurant. *Sinquerim, Bardez, Tel. 8 75 01-7, Luxuskategorie*

Tamarind Lodge
Hinter Passionsfruchtbäumen halb versteckt, die meisten Zimmer in schönen Steinhäusern im Garten, mit Badezimmern und Veranden, Swimmingpool, Verandarestaurant, Beach Buggies für die 3 km zum Strand. *Kumar Vaddo, Anjuna, Bardez, Kategorie 2*

HOTELS AN DEN SÜDLICHEN STRÄNDEN

L'Amour Beach Resort
Bescheiden, aber Zimmer mit Bad und beliebt bei jungen Europäern. *Benaulim, Tel. 2 37 20, Kategorie 3*

Leela Beach Goa
Kleine rosafarbene Villen mit imitierten alten Möbeln um eine von Brücken überspannte Lagune, Bar, Restaurant, kischigschön. *Mobor, Tel. 2 38 73, Kategorie 1*

Majorda Beach Resort
Moderne Zimmer um einen iberischen Innenhof. *Majorda, Salcette, Tel. 2 07 51, Kategorie 1*

Ramada Renaissance Resort
Goa-Hawaii-Stil, Rohrmöbel, Lampen aus Tontöpfen, künstlicher Wasserfall in der Halle, Zimmer mit Balkons und Meeresblick, Swimmingpool, Bars, Restaurant und Fitneßcenter. *Colva Beach, Varca, Salcette, Tel. 2 36 11, Kategorie 1*

Tourist Cottages
Einfach aber sauber, die Bäder der Zimmer haben immerhin fließend Kaltwasser, Warmwasser kommt auf Bestellung in Eimern. *Colva Beach, Tel. 2 22 87, Kategorie 3*

FEST

Immer am *3. Dez.* ist das Fest des *Heiligen Franz Xaver*, aber alle zehn Jahre nur werden seine sterblichen Überreste den Gläubigen gezeigt, das nächste Mal 1994, ein katholisches Gegenstück zum Wagenfest von Puri.

ZIELE IN DER UMGEBUNG

Wildtierreservate von *Bondla* und *Molen* im Osten sowie *Catigao* im Süden.

Tempel, Tamilen und Kinoerfolge

Südindien ist ursprünglicher und eigenartiger als der Norden – für manchen das echte Indien

Wer in den nördlichen Regionen glaubte, sich in einer völlig andersartigen Welt zu befinden, muß sich in Südindien noch einmal an den Kopf fassen. Für manche ist nur der Süden »echtes« Indien. Feuchte Dschungel, aber auch wieder dürre Ebenen, kühlere Berge und einsame Strände prägen das Land. Immer wieder ragen wie Wahrzeichen die riesigen Tortürme der jüngeren Tempel aus Palmenhainen auf. Gegen Norden hin sind die vier Staaten des Südens, Andhra Pradesh, Karnataka, Kerala und Tamil Nadu durch den Vinhya Höhenzug geschützt. Im Norden wurde jeder Aspekt des Lebens in irgendeiner Form auch von außen beeinflußt, die Architektur des Islam etwa, die in vielen Bauten ihre Spuren hinterließ, erinnert den Fremden noch an Vertrautes. Der Süden aber behielt über die Jahrhunderte die eigenen Kulturen ohne Einwirkungen von außen. Zwar herrschten auch über den Süden muselmanische Fürsten, zwar war auch er Teil der britischen Kolonie. Aber der Hinduismus als Religion blieb, wie man hier sagt, in seiner »Weisheit« und »Volkstümlichkeit« weit weniger angetastet. Andererseits ist der Süden in mancher Hinsicht weiter entwickelt. Die Straßen sind besser. Das Englisch ist stärker verbreitet als im Norden. Und generell sind die Menschen freundlicher und aufgeschlossener, gerne bereit, Fremden Schönheit und Schätze ihres Landes zu zeigen.

Geographie bestimmt eben doch auch Kultur. Die dreieckige Halbinsel des Dekkhan bildet einen anderen Sprachraum als die Ebenen des Indus und Ganges im Norden. Dravidische Sprachen herrschen im Süden vor, anders als die indo-arischen des oberen Indiens. Sie sind nicht aus dem Sanskrit hervorgegangen, das dank der Völkerwanderungen mit den europäischen Sprachen verwandt ist. Dravidisch kommt vom Wort *drāvida*

Und über allem tanzen die Götter: Gopura des zum Ruhme des »Königs des Tanzes«, Shiva-Nataraja, erbauten Tempel von Chidambaram

MARCO-POLO-TIPS FÜR MADRAS UND DEN SÜDEN

1 Arjuna's Penance
Das größte Flachrelief der Welt, in eine Klippe gegraben (Seite 112)

2 Backwaters
Die Fluß- und Kanallandschaft hinter der Küste Keralas (Seite 101)

3 Bandipur
Das Reservat der Elefanten, Tiger und Panther (Seite 117)

4 Ekambareswara
Der Tempel der Fische in der Seidenstadt Kanchipuram (Seite 111)

5 Halebid
Die Tempel des Reichs der Hoysala (Seite 106)

6 Kovalam
Der Traumstrand von Trivanderum an der Südspitze des Subkontinents (Seite 120)

und bedeutet letztlich: südlich, weist auf die ehemalige Eigenständlichkeit des Tamili hin.

Seit Menschengedenken ist der Khaiber-Paß zwischen dem heutigen Afghanistan und Pakistan die Pforte für Eroberer. Die Truppen Alexander des Großen überquerten ihn ebenso wie die heiligen Krieger des Islam. Durch dieselbe Pforte, aber in die andere Richtung, zogen Vertriebene und Verschleppte, zum Beispiel die Zigeuner, die aus dem indischen Punjab stammen. Im Süden verliefen die Migrationen anders. Auf dem Seeweg kamen nur viel kleinere Gruppen an die Halbinsel, deren schroffe Küstengebiete zudem ein weiteres Eindringen ins Land verbaten: arabische Händler, aber auch jüdische Flüchtlinge. Die Juden an den Küsten des südwestlichen Keralas mögen aus Babylon oder nach der Tempelzerstörung in Jerusalem aus Palästina geflohen sein. Wie auch immer, sie kamen nicht als Eroberer, sondern als Zufluchtsuchende. Chinesische Fischer, deren eigentümliche Netze bis heute manches Ufer säumen, waren ebenfalls keine Sieger, die ganze Länder an sich rissen.

So hat sich bis heute unter den Südindern eine Ablehnung gegen eine Beherrschung von anderswo her halten können, eine gewisse Verweigerung etwa, das Hindi als Sprache in den eigenen Staaten auch amtlich zu verwenden. 1947 wurde bei der Unabhängigkeit das Hindi als Nationalsprache gewählt. Kaum zehn Jahre später mußte der Beschluß der Zentralregierung aufgehoben werden. Immerhin blickten die Tamilen auf eine lange Tradition zurück. Schon etwa drei Jahrhunderte vor Christus existierte in der Stadt Madurai an der Südspitze des Subkontinents eine Art literarischer Akademie, die den Zyklus des »Sangam« hervorbrachte.

Südindien: Das ist die Summe von 5000 Jahren Kulturgeschichte, von Dynastien wie den Pallavas, den Cholas und den Pandyas, das ist andere Kleidung der Männer und anderer Schmuck der Frauen, das ist ein Unterschied von ebensolcher Größe wie der zwischen einem Schweden und einem Italiener. In Südindien herrscht der Rhythmus der Äquatornähe, dessen unwirklichster Moment zugleich der wirklichste ist, der, an dem der Vollmond just unter-, da die Sonne aufgeht.

BANGALORE

Sie wird die »Gartenstadt« Indiens genannt, sogar Winston Churchill schrieb nach einem Besuch 1937 lobend: »Wir... nahmen einen palastartigen Bungalow, ganz pink und weiß mit einem schweren, ziegelgedeckten Dach und tiefen, von weißen Gipssäulen getragenen Veranden, ganz und gar bewachsen von lilaner Bougainvillea.« Bougainvillea und Rosen sind die Blumen Bangalores. Parks, baumbestandene Alleen und das milde Klima von tausend Metern Höhe haben sie auch zu einem Rentnerparadies gemacht, ein indisches Gegenstück zu Tampa im amerikanischen Florida. Aber Bangalore heißt auch »Science City«, in der Hauptstadt des Staates Karnataka werden die Uhren und die Flugzeuge Indiens gebaut. Der Stadtkern wurde im 18. Jh. als Sommerfrische großzügig geplant und angelegt. Blumenfreunde werden sich am *Lal Bagh*, dem botanischen Garten erfreuen. Ansonsten ist das Sehenswerte auf die angenehme Stadtatmosphäre beschränkt. (C5)

HOTELS

Welcomegroup Windsor Manor Sheraton
Schöne alte Residenz voller Annehmlichkeiten zum Erholen, besonders nachdem man viel herumgereist ist. *25 Sankey Road, Tel. 26 98 98, Kategorie 1*

Woodlands Hotel
Ein einmalig schöner Garten, sozusagen mit Hotel darin, Restaurant nur vegetarisch. *5 Raja Ram Mohan Roy Road, Tel. 22 51 11, Kategorie 2*

COCHIN

Wenn das südwestliche Kerala Indiens schönster Staat ist, wie viele glauben, dann hat Cochin sicher seine vielen Beinamen verdient: »Königin des Arabischen Meers«, »Venedig des Ostens«, »Perle des Südens«. Hier beginnen die ★ Backwaters, ein einzigartiges Netz schiffbarer Wasserwege. Die Küste Keralas mißt 550 km. Aber im Hinterland zieht sich südlich bis nach Trivanderum ein zusammenhängendes System von Flüssen, Kanälen und Seen von noch einmal 1920 km Länge hin. Chinesisch wirkende Dschunken, schmale, Wallams genannte Lastschiffe mit Segel und Bambusstake, Motorfähren und schnelle »Schlangenboote« navigieren die Backwaters entlang. Mitunter sind die Kanäle handtuchschmal, anderswo erstreckt sich der Vembanad See über weite Täler. Die Ufer der Tropenlandschaft sind gesäumt von den bizarr herabhängenden chinesischen Fischernetzen. Das schönste Stück der Wasserwege liegt zwischen den Orten Allepey und Quilon, die Fährfahrt, ein unvergeßliches Erlebnis, dauert sieben bis acht Stunden.

Cochin selber, die bedeutendste Hafenstadt Keralas, besteht aus den Inseln Willingdon, Bolghatty, Candle und Gundy sowie den Halbinseln Mattanchery und Vypen. Die Altstadt um das Fortviertel liegt auf Mattanchery. Bahnhof und Flughafen finden sich auf Willington. Die Neustadt Ernakulam ist auf dem Festland angesiedelt.

Der Ingenieur der britischen Admiralität, Sir Robert Bristow, leitete 1929 den Weg zur bedeutenden, modernen Hafenstadt ein, indem er einen tiefen Kanal ausheben ließ, um die Backwaters mit Cochin zu verbinden. Schon Jahrhunderte vorher war Cochin indes Ausfuhrhafen für Kardamon, Muskat, Pfeffer und Zimt.

Araber siedelten nicht, aber schon im 7. Jh. liefen ihre Dhaus Cochin an. Chinesen kamen und blieben. Ihre traditionellen Fischnetze sind sogar direkt am Fort Cochin zu sehen. Die ersten Europäer waren Portugiesen. Schon 1510 bauten sie die St. Francis Church, die erste christliche Kirche auf indischem Boden. 1663 vertrieben die Holländer die Portugiesen. 1796 wiederum mußten diese ihren Erzrivalen bei der Kolonialisierung Asiens, den Briten, weichen. Die Synagoge in der Judenstadt zeugt von einer anderen, historisch rätselhaften, aber bis heute Spuren hinterlassenden Einwanderung. Dunkelhäutige Juden dürften schon um 68 v. Chr. nach Kerala gekommen sein. Wann und wie ihre hellhäutigen Glaubensbrüder den Weg hierher fanden, ist umstritten. Anscheinend aber wurden sie von den Hinduherrschern willkommen geheißen, sie durften ihre Synagoge neben dem Hindu-Tempel bauen. Nur von den Portugiesen wurden sie verfolgt. In jüngster Zeit aber emigrierten viele ins Gelobte Land, so daß ihre Gemeinde in Cochin arg schrumpfte. (C6)

Wo »Backwaters« aufs Meer treffen: Küste bei Cochin

BESICHTIGUNGEN

Dutch Palace

Die Portugiesen bauten ihn 1557 als Mattanchery Palast für die Rajas von Cochin, die ihnen dafür Handelsrechte und Konzessionen gewährten. Aber auch die Holländer, die ihn 1663 erweiterten und renovierten, nutzten ihn nicht für sich selber, ebensowenig die Briten. Für die Rajas war er ein Zeremonienpalast. Heute ist er ein Museum. Im ersten Stock ist die Krönungshalle mit Wandgemälden der Ramayana und anderer indischen Epen. *Sa–Do 10–17 Uhr*

St. Francis Church

Die erste christliche Kirche auf dem Subkontinent wurde 1510 im alten Fortviertel von Franziskanermönchen gebaut. Vasco da Gama, der 1524 in Cochin starb, wurde hier begraben. Sein Grabstein steht noch. Das Grab aber ist leer. Die sterblichen Überreste des großen Entdeckers und Eroberers wurden 1538 nach Lissabon gebracht.

Synagoge

Schon die engen, kopfsteingepflasterten Gassen der Judenstadt sind ein Erlebnis. Eine Steininschrift an der 1567 erbauten Synagoge erwähnt eine ältere Synagoge von »Kochanagadi«, die bereits 1344 an derselben Stelle errichtet worden war. 1663 vernichteten die Portugiesen einen Teil des Gebetshauses, das seine heutige Form schließlich im 18. Jh. erhielt. Rabi Ezekiel ließ handbemalte Kacheln aus dem chinesischen Kanton herbeischaffen. Öllampen hängen von der Decke. Eine Thorarolle und Kupferplatten enthalten Aufzeichnungen über die Privilegien, welche die Rajas den Vorfahren der jüdischen Gemeinde ehedem gewährten.

RESTAURANTS

Im Süden überwiegt die vegetarische Küche und alles ist noch ein paar Grad schärfer gewürzt als im Norden. Neben den religiösen Gründen gilt die uralte Erfahrung, daß Fisch und Fleisch in der Hitze schnell verderben und daß Gewürze Verderbliches länger haltbar machen. Cochins Restaurants aber bringen die ganze Vielfalt der uralten Handelsrouten auf den Tisch.

Maduban

Vegetarische Gerichte, süd- und nordindische Thalis. *Im Dwaraka Hotel, M. G. Road, Ernakulam, Tel. 35 27 06, Kategorie 3*

Malayan Restaurant

Garnelen mit Cashews, Pekingente, immense Auswahl chinesischer und westlicher Gerichte. *Banerji Road in der Etage über den Geschäften, Ernakulam, Tel. 36 10 29, Kategorie 3*

Pandhal

Gebratener Reis, gebratene Nudeln, Pizzas, bemüht westlich und daher bei Touristen beliebt. *M. G. Road, Ernakulam, Tel. 36 77 59, Kategorie 2*

Seagull Hotel

Curries und Süßspeisen auf der Dachterrasse mit Blick auf Fischernetze, Festland und natürlich den Sonnenuntergang. *Fort Cochin, Tel. 28 128, Kategorie 3*

HOTELS

Abad Plaza
Geschmackvoll eingerichtetes neues Haus mit Restaurant. *M.G. Road, Ernakulam, Tel. 36 16 36, Kategorie 2*

Bolghatty Palace Hotel
Der ehemalige Gouverneurspalast der Holländer und Briten liegt im baumbestandenen Garten an der Spitze der Bolghatty Insel. Allerdings ist der alte Prunk der Zimmer sehr verblaßt. Die Cottages auf dem Gelände sind im besseren Zustand, dafür aber winzig klein. *Bolghatty, Tel. 35 50 03, Kategorie 2/3*

Hotel Malabar
Großartige Lage mit Blick auf Backwaters, Bucht und Hafen. Der alte Kolonialbau wurde modernisiert, ohne daß der Charme dabei verlorenging. Gärten, Bar, Restaurant und Swimmingpool. *Willingdon Island, Tel. 68 11, Kategorie 1*

Sangeetha & Gaanam Hotels
Auf demselben Gelände, aber zwei unterschiedliche Hotels mit ordentlichen Zimmern. *Chittor Road, Ernakulam, Tel. Sangeetha 36 87 36 und Ganaam 36 71 23, Kategorie 2/3*

AM ABEND

Kathakali
Es heißt Kath (= Geschichte) und Kali (= Spiel) ist also Schauspiel, Keralas berühmtes Tanzdrama. Nur Männer treten auf, sie allein gelten als kräftig genug, stundenlang in schweren Kostümen und Masken und mit dicker Schminke leichtfüßig herumzu-

Last der Lust: Kathakali-Tänzer

schweben. Vier bis fünf Stunden dauert das Make-up. Dafür liegen die Schauspieler flach auf dem Boden. Ihre Gesichter werden mit Reismehl-Paste geweißt, dann bunt angemalt, um Götter, Könige, Dämonen und Göttinnen zu symbolisieren. Sogar die Augen werden mit Auberginensamen gerötet. Zuschauen und Fotografieren ist erlaubt. Acht Jahre dauert die Ausbidlung, vom Alter 12 bis 20. Dreitausend Jahre alt sind die Epen Ramayana und Mahabharata, aus denen die Geschichten des Tempeltanzes entstammen. Was Fremde bei der Aufführung zu sehen bekommen, ist nur ein neunzigminütiges Appetithäppchen. Einheimische bevorzugen Kathakali, das im Freien die ganze Nacht währt. Für den Erfrischungsschlaf zwischendurch bringen sie sich Matten mit. *See India Foundation, Kalathil Lane, Ernakulam Junction, Tel. 36 94 71* und *Art Kerala, XXXV/346 Kannantho-*

dath Lane, Vlanajambalan, Ernakulam, Tel. 36 62 38, ungefähr 18 bis 20.30 Uhr

AUSKUNFT

Government of India Tourist Office
Malabar Hotel, Willingdon Island, Tel. 60 45, tgl. 9–17 Uhr

Tourist Reception Center
Shanmugham Road, Ernakulam, Tel. 35 32 34, tgl. 8–19 Uhr

ZIEL IN DER UMGEBUNG

Lakkadiven
Die Gruppe von 100 000 Inseln, das bedeutet der Name Lakkadiven, der aber in Lakshadweep umgewandelt wurde, besteht in der Wirklichkeit aus 36 Korallenriffinseln. Zehn sind bewohnt, fünf dürfen von Touristen besucht werden, eine von ausländischen. Sie liegen 300 bis 450 km von der Küste entfernt, ein Unionsterritorium unter direkter Verwaltung der Zentralregierung. Die Bewohner sind Moslems und leben fast ausschließlich vom Fischfang und der Kokosnußernte. Für den Besuch des Südseeparadieses mit dem völlig reinen Wasser und der spektakulären Korallenlandschaft bedarf es natürlich eines Permits. Auf Bangaram, der für Ausländer erlaubten Insel, gibt es nur das *Bangaram Island Resort* mit modern ausgestatteten Hütten für insgesamt 60 Besucher. Schnorcheln, Kajakfahren und Windsurfen sind erlaubt, Motorboote und Wasserskis verboten. Von Cochin sind es zwei Stunden Flugzeit bis zur Insel Agatti, von dort eine Stunde mit dem Boot. (B 5)

Alle Arrangements müssen in Cochin gemacht werden: *Reservations Manager, Bangaram Island Resort, Casino Hotel, Willingdon Island, Cochin 68 20 03, Indien, Tel. 00 91-4 84-68 21* (von Deutschland, in Indien Vorwahl *04 84*); *Hin- und Rückflug: US$ 90, Cottages US$ 110 (Tiefsaison), bis US$ 170 (Hochsaison im Winter).*

HASSAN

Über Hassan gibt es wenig zu sagen, außer daß es sich als Übernachtungsort für Besucher der Tempel von *Belur* und *Halebid* sowie des Jain-Heiligtums *Sravanabelagola* anbietet. (C 5)

HOTELS

Hotel Amblee Palika
Zimmer mit Bad. *4724 Race Course Road, Tel. 6 71 45, Kategorie 3*

Hotel Hassan Ashok
Etwas bessere Zimmer mit Bad, manche mit Air Conditioning. *Bangalore-Mangalore-Road, Tel. 87 31, Kategorie 2*

ZIELE IN DER UMGEBUNG

Belur
Um das Jahr 1000, so will es die Legende, wurde ein Saddhu, ein Mann, der sich ganz dem Religiösen verschrieben hat und asketisch wandernd die Erleuchtung sucht, von einem Tiger angegriffen. Der Saddhu erblickte aber einen Krieger und rief, »Hoy, Sala, Sala!« So hieß der Krieger nämlich. Er trieb seinen Speer in der Raubkatze Seite – und wurde zum Begründer der südindischen Dynastie der Hoysalas. Ihr Emblem ist eben jener

Sala, wie er den Tiger tötet. Sonst aber ist die Geschichte der Hoysalas die am wenigsten erforschte der südindischen Königreiche. Sie herrschten vom 11. Jh. an, wurden aber schon im 14. Jh. von den aus Delhi vorstoßenden moslemischen Armeen aufgerieben, ihre Schätze geplündert, ihre Städte und Heiligtümer zerstört.

Keine andere indische Architektur ist so zierlich und so verschnörkelt wie ihre, keine ist indes auch von solcher Sinnlichkeit. Im Jahre 1116 schwor König Bittiga dem Jainismus ab, nannte sich selber fortan Vishnuvardhana, hieß sein Volk, an den Hinduismus glauben, besiegte die mächtigen Cholas – Grund genug, den Bau des Tempels von Belur anzuordnen. Es dauerte 103 Jahre, bis er vollendet war. Er wurde Chennakeshava geweiht, einer Inkarnation des Vishnu. Wie ein Hochzeitskuchen ragt der Chennakeshava-Tempel von einem typisch hoysalischen, sternenförmigen Sockel auf. Jeder verfügbare Raum ist mit Reliefs und Skulpturen verziert. Die Friese stellen Szenen der Hindu-Mythologie dar. In einem bilden 650 Elefanten eine Kette. Von großer Anmut sind die Madnikas, weibliche Gestalten. 42 Madnikas verzieren die Fläche unterhalb des Dachansatzes, als Tänzerinnen, Musikantinnen, auf der Jagd, mit einem Papagei auf der Schulter oder einfach vor einem Spiegel. Viele der vollbusigen Damen dürften die Shantala Devi darstellen, die Königin der Frau des Vishnuvardhana, eine berühmte Tänzerin. Auf ihr steinernes Porträt gerade hinter dem östlichen Eingang schaut der schnurrbärtige, schmuckbehangene König stolz herüber. *35 km von Hassan*

Halebid

★ Die Tempel und Paläste von Halebid sind die Überreste der Hauptstadt der Hoysalas. Im Jahre 1310 von Moslems geplündert und 1326 in einem zweiten muselmanischen Angriff der Todesstoß. Das Hoysalareich ging unter. Der großartige Hoysaleshvara-Tempel aber gibt immer noch beredtes Zeugnis von ihrer Kunstfertigkeit und Sinneslust. Abweichend von der Hindu-Tradition der Anonymität hat der Baumeister seinen Namen eingravieren lassen: Janakchari, von ihm stammt auch der Tempel in Belur. Der Tempel von Halebid, noch reicher verziert als der von Belur, blieb aber nach 86 Jahren Bauzeit aus unbekannten Gründen unvollendet. Auch er steht auf einer erhöhten sternenförmigen Plattform, ist aber ein Doppeltempel, Gott Shiva selbst geweiht. Elefanten stehen für Stabilität. Eine Reihe von ihnen ziert das unterste Reliefband, vielleicht der metaphysische Grund, daß der Tempel bis heute steht. Über ihnen hüten Löwen den Bau, Szenen aus den Epen Ramayana und Mahabharata folgen. Zwei Meter hoch stehen die Torwächter, Dvara Palikas, nicht ihre Größe aber, sondern die unendlich feine, wie Spitzengewebe wirkende Schnitzarbeit fängt die Blicke. Die größte Anziehungskraft übt indes die pralle Sinneslust der himmlischen Damen aus. Geschmückt und in unzweideutiger Pose fordern sie zur Liebe auf. Sarasvati, Göttin des Lernens, tanzt, Shiva auch, selbstverständlich Nataraja, der Gott des kosmischen Tanzes, und sogar Krishna, dieser auf dem Überwurf eines Dämonen.

In den offenen Säulenhallen gegenüber steht Shivas Begleittier, der Bulle Nandi. Ganesh, der elefantenköpfige Gott des Glücks, ist im Haupttempel zu finden. Einfachheit prägt nur das innere Sanktuarium mit dem schwarzen Lingam, dem phallischen Symbol Shivas. *54 km von Hassan*

Sravanbelagola

Hier heißt es, Schuhe ausziehen und die 614 Steinstufen des Indragiri-Hügels hinaufzusteigen, wie es unzählige Pilger seit über tausend Jahren getan haben. Oben steht die 18 m hohe, aus einem einzigen Felsen geschlagene Statue des Jain-Heiligen Gomateswara. Der stilisierte Heilige ist nackt, nicht aber wegen der Sinnlichkeit, sondern in Ablehnung aller irdischer Güter. Reben ranken an seinen Armen und Beinen, um zu zeigen, daß er tief meditierte, ohne ihre Wachstum zu bemerken. Alle zwölf Jahre zum *Mahamastakabhisheka-Fest*, das nächste Mal 1993, wird diese größte Monolithstatue der Welt mit heiligem Wasser und Milch begossen, mit Bananen, Datteln, Blumen und Münzen überschüttet. *60 km südöstlich von Hassan, in entgegengesetzter Richtung von Belur und Halebid*

MADRAS

Die viertgrößte Stadt Indiens, das Tor zum Süden, die Hauptstadt des Staates Tamil Nadu – die 4,5 Millionenmetropole könnte den anderen Konglomeraten Bombay, Calcutta und Delhi ähneln. Aber sie tut es nicht. Alles geht langsamer, was sicher

Kino

Junge Bauersfrau ist reif für Ehe. Doch Obacht, gemeiner Großgrundbesitzersohn will sie unehelich verführen. Sie merkt's und entzieht sich dem Halodrie. Ein braver Bursch wählt sie alsbald zur Braut. Die Farben brausen. Aus den Liedern tropft das Schmalz. Tänze unterbrechen die Handlung. Indische Filme – der Gerechtigkeit halber: es gibt einige große Werke – sind leicht zu verstehen. Aus den Studios von Bombay, Calcutta und Madras kommen sie tonnenweise mit so erbaulichen Titeln wie »Mankala Tharuval Mahamayd«, Gott segne Dich. Die Stars sind Volkshelden, ihre schlecht gemalten Porträts allgegenwärtig. Hauptsache: Sari, Sang und Säuseln. Erfolg erzielen nur Klischees. Die seichte Soße muß über die Sprachunterschiede und Kulturgrenzen hinweglaufen können. Bald tausend Streifen im Jahr drehen die Regisseure Indiens ab. Und 15 Millionen Zuschauer entfliehen täglich der Realität in die Traumwelt der Kinos. Für den Fremden ist der Besuch ein Kino im Kino, auch wenn er kein Wort versteht. Das Publikum leidet bei jedem Drama mit, lacht über jeden Witz, atmet bei jedem Sieg des Guten über das Böse erleichtert auf. Hollywood hat solch dankbare Zuschauer nicht.

Bogenpracht an der Pulsader von Madras, der Mount Road

auch dem feucht-warmen Klima der Koromandelküste zu verdanken ist. Fast nirgends herrscht die erdrückende Überbevölkerung der anderen Großstädte. Der weite, Marina genannte Stadtrand ist bis auf den späten Nachmittag fast verlassen. Sogar auf den Straßen und in den Läden geht es ruhig zu. Dunkelhäutige Draviden mit ebenholzschwarzem Haar leben hier. Die Männer tragen Dhotis aus gestärkter weißer Baumwolle mit goldenen oder schwarzen Bordüren, die ähnlich wie Sarongs um die Hüften gewickelt werden. Die Saris der Frauen sind aus feiner Seide, oft zwischen den Beinen pumphosenartig zusammengezogen. Sie schmükken sich mit »Liebesjuwelen«, wenn es geht, Diamanten. In den langen Haaren stecken unweigerlich frische Blüten. Die Male auf den Stirnen aus Sandelholz oder Zinnober und Asche zeigen ihre Kasten an. Selbst habituelle Altertumsbesucher können auf langsam schalten. Zwar soll der Apostel Thomas schon im 1. Jh. hier gewirkt haben. Doch die Stadt wuchs erst als koloniale Handelsniederlassung im 16. Jh., eigentlich sogar erst im 19. Jh., als die Engländer große Baumwollspinnereien einrichteten.

Wahrzeichen ganz anderer Art geben die schreienden Plakate der tamilischen Filmindustrie – vor allem an der *Mount Road* – ab. Die weiblichen Stars sind überaus wohlgerundet, die männlichen tragen ölige Locken. Gut aussehend müssen sie offenkundig nicht sein, nur oft gesehen werden. Dann schaffen sie den Sprung in die Politik, nicht selten vom Studio direkt ins Ministerium. (D 5)

BESICHTIGUNGEN

Fort St. George

Innerhalb des 1644 im Halbrund angelegten Forts stehen Kasernen und Offiziershäuser, die heute als Regierungsgebäude und teils auch vom indischen Militär genutzt werden. Hier ist auch die *St. Mary's Church* zu finden, die älteste anglikanische Kirche Indiens aus dem Jahre 1680. Robert Clive, der von einem kleinen Schreiber der East India Company zum Gouverneur von Bengalen aufstieg, wurde hier getraut, ebenso Elihu Yale, Stifter der berühmten, amerikanischen Universität. Gedenktafeln erinnern an die Hochzeiten. *Tgl. 9–17 Uhr, Fr geschl.*

High Court
Ein wenig nördlich des Forts steht der Gerichtshof, ein typisches indisches Kolonialgebäude aus dem Jahre 1892 mit Kuppeln, roter Fassade und weißen Fensterbögen.

Ice House
An der langgestreckten Marina, nicht nur ein Strand, sondern auch Gärten und Spielplätze, die sich vom Hafen bis zur Mündung des Adayar im Süden hinzieht, steht das Ice House. Eine nette Besonderheit der britischen Kolonialisten: Sie wollten ihre Drinks verständlicherweise kühl serviert bekommen. Das Eis für den Whisky on the Rocks oder den Gin and Tonic kam auf Schiffen aus Nordamerika und wurde hier gelagert.

San Thome Basilica
Nahe dem Ende der Marina steht die 1505 von den Portugiesen gebaute, 1893 im gotischen Stil erneuerte Kathedrale. Der Märtyrer-Apostel Thomas soll hier begraben liegen. Wer's glaubt, wird, wie er, selig.

Tempel Kapaleeswara
Lebendiger geht es an diesem Shiva-Tempel ein paar Schritte weiter zu. Doch auch hier eine Merkwürdigkeit: Er soll 2000 Jahre alt sein, wurde aber erst vor 300 Jahren gebaut. Der keilförmige Gopuram, Turm, ist mit feinen Schnitzereien bedeckt. In das Becken hinter dem Tempel werden die Götterbilder im frühen Frühling – großes Fest – zum Baden getragen.

RESTAURANTS

Tamil Nadu ist der Staat der orthodoxesten Hindus, Madras die Hauptstadt. Außerhalb der großen Hotels, die wie anderswo gerne Mittagsbuffets auftischen, darf man kein Fleisch erwarten. Scharf gewürzte vegetarische Gerichte kommen auf den Tisch, aber nicht einmal Eier. Aus dem Ort Udipi kommen angeblich die besten Köche, trägt eine Gaststätte den Namen dieser Stadt, dann will sie besonders gut sein. Und auch die englische Sitte des Teetrinkens hat sich in Madras nicht durchgesetzt wie anderswo. Kaffee mit viel heißer Milch wird hier getrunken.

Dakshin
Die vielfältigsten Thalis auf Bananenblättern, es werden auch nicht-vegetarische Thalis gereicht. *Im Welcomegroup Park Sheraton, 123 Mowbrays Road, Tel. 45 25 25, Kategorie 1*

Karaikuddi
Wer ohne Fleisch nicht leben kann, sollte die Chettinad-Spezialitäten probieren: Kozhi melagu varvul oder Kola urundai kozhambhu (Huhn oder Hackfleisch, angeblich nicht extrem gewürzt). *84 Radhakrishnan Road, Tel. 86 91 22, Kategorie 2*

Raintree
Abendbuffets vom feinsten Nicht-vegetarischen, bei gutem Wetter unter dem 100 Jahre alten »Regenbaum« serviert. *Im Connemara Hotel, Binny Road, Tel. 86 01 23, Kategorie 2*

Udipi Home
Marmorboden, ein kleiner Brunnen und wunderbare vegetarische Thalis, auch Hamburger – aus Gemüse. *1 Halls Road, Tel. 8 25 15 15, Kategorie 3*

Woodlands Drive-In
Der Name trifft zu, wie im amerikanischen Drive-in wird das Essen, vor allem Tiffin, zum Auto gebracht. Man kann aber auch im Restaurant, am Selbstbedienungstresen und im Freien unter schönen Mangobäumen essen. Das Woodlands Drive-In ist eine Art Ausflugsrestaurant für einheimische Familien. *29/30 Cathedral Road, Tel. 47 19 81, Kategorie 3*

EINKAUFEN

Khadi Gramodyag Bhavan
Die bekannten, vielfarbig karierten Baumwollcrêpestoffe, die in den angelsächsischen Ländern nach dem Herstellungsort »Madras« heißen, Schneider des Ladens können sie gleich nach Ihren Modevorstellungen verarbeiten. *844 Anna Salai, Mo–Sa 9.30–19.30 Uhr*

Radha Silk Emporium
Seiden aus der Tempelstadt Kanchipuram, Saris mit »Bedienungsanleitung«, Hemden und Tücher aus Madras-Baumwolle. *1 Sannandhi Street, Mo–Sa 10–20 Uhr*

HOTELS

In Madras wird sehr deutlich unterschieden: Indian Style oder Western Style. Western Style heißt Air Conditioning, Teppichböden, Sitztoiletten und nichtvegetarische Restaurants. Indian Style heißt Granitböden, Hocktoiletten, vegetarische Restaurants, aber auch Annehmlichkeiten zu günstigen Preisen; für orthodoxe Hindus rangiert Sauberkeit direkt nach Göttlichkeit – selten fehlt ein entsprechend eingerichtetes Bad.

Connemara
Früher eine koloniale Villa, von deren Einrichtung viel übriggeblieben ist, westlich. *Binny Road, Tel. 86 01 23, Kategorie 1*

Dasaprakash
Dunkle, aber kühle Zimmer, nette Dachgärten, indisch. *100 Poonamallee High Road, Tel. 8 25 51 11, Kategorie 3*

Madras Ashoka
Außer den Toiletten definitiv indisch und auch nicht im besten Renovierungszustand, aber beliebt bei Hochzeitspaaren, die oft Reisende zu den Festlichkeiten laden. *33 Pantheon Road, Egmore, Tel. 8 25 33 77, Kategorie 3*

New Woodlands
Noch ein beliebtes Hochzeitshotel, schöner Garten, Swimmingpool, Tischtennis, indisch-westlich. *29/30 Cathedral Road, Tel. 47 19 81, Kategorie 3*

Taj Coromandel
Etwas überbeladener westlicher Luxus. *17 Nungambakkan High Road, Tel. 47 48 49, Kategorie 1*

AM ABEND

Wer den klassischen Tanz des Südens, den Bharata Natyam, die Musik mit den altindischen Instrumenten Veena und Mirdangam *(Musikfest Dezember/Januar)* nicht in den sterileren Hotelaufführungen oder wer einen englischsprachigen Film sehen will, der schaut am besten in eine der beiden englischsprachigen Tageszeitungen »Hindu Express« oder »Indian Express«.

AUSKUNFT

Government of India Tourist Office
154 Anna Salai, Tel. 886685/6, Mo–Fr 9–17, Sa 9–13 Uhr; Schalter an den Flughäfen zu Ankunftszeiten geöffnet.

ZIELE IN DER UMGEBUNG

Kanchipuram
Die ehemalige Hauptstadt des Pallava-Königreichs, heute despektierlich kurz Kanchi genannt, ist eine der sieben heiligen Städte Indiens. Seit jeher ist sie auch die Seidenstadt Indiens, die beste und die am besten verarbeitete Seide kommt von hier. Schon auf dem Weg, 71 km westlich von Madras, sind die hinduistischen Riten zu sehen. In Thirukalikunram füttert jeden Tag kurz vor Mittag der Priester des Tempels auf dem Hügel zwei weiße Drachen, die Geister der Götter.

In Kanchi selber, in vielerlei Hinsicht auch eine typische südindische Stadt mit Lehmwegen, Fahrradrikshas, Heiligen mit aschebedeckten Gesichtern und ganzen Gruppen von Seidenfädlern, sollen tausend Tempel stehen. Tatsächlich haben 124 die Zeiten überdauert. Schon von weitem sind die Türme, die Gopurams, zu erkennen. Die älteren Tempel sind die Ziele der meisten ausländischen Besucher. Pilger zieht es indes zu neueren Heiligtümern. ★ *Ekambareswara* Der Tempel aus dem 16. Jh. und mit dem höchsten Gopuram, 54 m, wird schon eher von Pilgern aufgesucht und von den Einheimischen alltäglich genutzt. Im kleinen Wasserbecken neben ihm waschen die Frauen ihre Kleider. Gelbe und blaue Figuren schmücken den Tempel. Hauptattraktionen sind die Halle der tausend Säulen (eher 500), der tausendjährige Mango-Baum (nach mancher Behauptung 3500 Jahre) mit vier verschiedenen, Virilität und Weisheit fördernden Früchten und das Becken der heiligen Fische. Kleine Jungs stehen mit Eimern voller Reis bei diesem Becken. Gegen eine kleine Spende messen sie eine Handvoll Reis ab und geleiten den Besucher die Stufen zum Becken hinab, wo er die Fische füttern kann. Man darf sie auch mit der bloßen Hand fangen (und wieder hineinwerfen). Versuchen Sie es, die Jungs können es. *Kailasanatha* Dies ist der älteste Tempel, er wurde um 725 gebaut. Er ist Shiva gewidmet, dessen Bulle Nandi schaut von außen auf das Sanktuarium. Die meisten der Steinschnitzereien – Sandstein – sind vom Wetter weggewaschen. In der Säulenhalle aber stehen die Hindugottheiten, sogar alte Farben sind noch zu erkennen. Ein selbsternannter Priester-Fremdenführer wird das Licht anstellen, nachdem er mit einer »Spen-

de« bedacht worden ist. *Vaikunthata Perumal* Der Tempel ist etwas jünger, stammt aber aus derselben Epoche reiner Pallava-Architektur. Der Turm steht beherrschend über dem Allerheiligsten. Die Skulpturen sind noch nicht so stark verwittert. Sie zeigen unter anderem Vishnu in liegender, sitzender und stehender Stellung. Herausragend sind die Bas-Reliefs mit den antiken Schlachtszenen.
Varadarajaswami aus dem 12. Jh. ist das Ziel jährlicher Pilgerreisen. Seine Haupthalle ruht auf immensen Säulen, die Reiter und Löwen verzieren und sogar ein Mann, der eine Waffe trägt, die wie ein Gewehr aussieht. Auch die Säule am weitesten rechts am Becken hat eine Besonderheit: drei Männer mit zusammen nur vier Beinen, die aber so herausgemeißelt wurden, daß es aussieht, als hätte jeder tatsächlich zwei eigene Beine.
Einkaufen:
Wie es so heißt, ist der Stein am schwersten, wo er aufgehoben wird. Saris und Seiden in Kanchi sind zwar von bester Qualität, aber auch teurer als in Madras. Ausländer haben beim Handeln keine Chance.

Die Sarihändler am Ort arrangieren Besuche in den Hütten der Familien, wo die Seidenkleider gewoben werden. Meist sind es kleine Jungs, die an den Webstühlen arbeiten – Kinderarbeit, die eigentlich nicht erlaubt ist.
Hotel:

Hotel Tamil Nadu
Sehr einfache Zimmer mit Bad, vegetarisches und nicht-vegetarisches Restaurant, das aber häufig keine Vorräte hat. *Nahe dem Bahnhof, Tel. 25 61, Kategorie 3*

MAHABALIPURAM (MAMALLAPURAM)

Immer an der Küste entlang, durch Reisfelder und Palmenhaine, nach 60 km erreicht man Mahabalipuram, ein unbedeutendes, verschlafenes Fischernest an einem unendlichen Strand. Einst war dies die Hafenstadt der Pallavas, der Hauptstadt Kanchipuram. Von Mahabalipuram trugen sie ihre Kultur und Reliquien bis weit nach Südostasien, ins heutige Indonesien und Kambodscha zum Beispiel. Die Pallavas zählten mit den Cholas und Pandyas zu den mächtigen Dynastien in Indiens Süden. Ihre größte Macht entfalteten sie zwischen dem 6. und dem 9. Jh. Der Hafen verlandete, über Jahrhunderte lag Mahabalipuram in völliger Vergessenheit. Erst vor wenigen Jahren wurde es wieder entdeckt: eine Stätte frühindischer Küstentempel von einsamer Schönheit. Einige der Tempel – manche sind aus dem schieren Stein herausgehauen, sozusagen der Übergang vom Höhlentempel zu den freistehend gebauten – sind klein und kompakt. An ihren Wänden ist die faszinierende Mythologie mit unendlicher Sorgfalt eingemeißelt worden.

BESICHTIGUNGEN

Arjunas Buße (Arjuna's Penance)
★ Dies ist das größte Flachrelief der Welt, in eine Wand der Felsenklippe gegraben. Der natürliche Spalt in der Mitte soll den Ganges darstellen, aus ihm floß einst Wasser. Deshalb heißt das Relief auch »Die Herabkunft des Ganges vom Himmel«. Die aus-

Der Spalt symbolisiert den Ganges: Großrelief »Arjunas Buße«

gemergelte Figur über dem kleinen, quadratischen Schrein des Vishnu in der linken Hälfte des Reliefs und über der großen Shiva-Figur in der rechten Hälfte dürfte der Weise Bhagirath sein, der nach Hinduglauben Shiva dazu überredet hatte, den Ganges zur Erde zu leiten. Den gebräuchlicheren Namen »Arjunas Buße« bekam das Relief aus dem Epos Mahabharat, indem der Schütze Arjuna Buße tut, damit die Götter ihm einen Bogen zum Sieg über die Feinde schenken. Wie auch immer: völlig realistisch getroffene Menschen, Tiere, Fabelwesen und Götter, über 400 an der Zahl, streben zum Ganges. Am prominentesten ragt eine Gruppe von Elefanten heraus.

Küstentempel

Ein neuzeitlicher Wellenbrecher schützt den Küstentempel vor den Fluten. Während der Zeitläufte änderten die Pallava-Baumeister ihre Technik: Sie schnitten nicht mehr in das Gestein, sondern benutzten das Gestein zum Bauen. Der Küstentempel ist der einzig erhaltene von ehedem sieben solcher Bauwerke. Er steht mit Doppelturm in einem Hof, den Bullen auf der Hofmauer hat das Meer die Züge genommen.

Mahishasuramardhine Schrein

Von den Höhlentempeln hinter dem Relief ist der Mahishasuramardhini der berühmteste. Die Göttin Durga greift auf einem Löwen reitend den Büffeldämonen an, der sich schon ängstlich zu Boden duckt; daneben lehnt sich Vishnu, freudig im kosmischen Ozean schwebend, auf die 1000köpfige Weltschlange Ananta.

Rathas

Die fünf »Himmlischen Wagen«, die Rathas, sind monolithische, jeweils aus einem einzigen

Stein gehauene Tempel des 7. Jhs., womöglich die ältesten freistehenden Sakralbauten Indiens. Jeder der fünf wurde ausgehöhlt, dekoriert und so skulpturiert, daß er die Form eines Tempelwagens bekam. Als Vorbilder werden die Tempelwagen des Altertums gedient haben, die zugleich auch als Streitwagen im Kampf genutzt wurden. Die Tempel tragen die Namen der Pandava-Prinzen im Epos Mahabharata: Arjuna, Bhima, Nakula, Sahadeva und Yudhishtira. Der des Bhima ist unvollendet, aber der längste und hat ein Tonnendach.

HOTELS

An den langgezogenen Stränden zwischen Madras und Mahabalipuram sind etliche neuere Hotels zu finden, etliche von ihnen »Ressorts« mit Gärten, Swimmingpools und Sportanlagen.

Fisherman's Cove
Elegantes Hotel der Taj-Gruppe, Bungalows in den Dünen. Fahrräder, Katamaran, Swimmingpool. *Covelong Beach, Chinglepur District, Tel. 62 68, Kategorie 1*

Ideal Beach Resort
Klein, einfach mit herrlich verkitschtem Swimmingpool. *Mahabalipuram, Tel. 2 40, Kategorie 3*

Mamalla Bhavan
Spartanisch, billig und in unmittelbarer Nähe der Tempel. *Mahabalipuram, Tel. 2 50, Kategorie 3*

Temple Bay Ashok Beach Resort
Gepflegte Steinbungalows mit Kochnischen, Gärten, Swimmingpool. *Mahabalipuram, Tel. 2 51, Kategorie 2*

VGP Golden Beach Resort
Inmitten einer immensen Gartenlandschaft voller Statuen und Pavillonbungalows auf Stelzen. *19 km südlich von Madras, East Coast Road, Enjambakkam Village, Tel. 41 28 93, Kategorie 2*

MADURAI

Sie ist zwar die zweitgrößte Stadt von Tamil Nadu mit rund einer Million Einwohner, liegt tief im Süden auf halbem Wege zwischen Ost- und Westküste. Sie ist ein wichtiges Textilzentrum, auf den Straßen werden Saris gewebt. Aber alles dreht sich um eines, den Meenakshi-Tempel. Er ist einer der größten Hindu-Tempel des Landes und eines der wichtigsten Pilgerziele. Madurai wurde vor 2500 Jahren gegründet. Die Pandya-Dynastie regierte hier im 6. Jh., wurde im 10. Jh. von den Cholas besiegt, bekam aber im 12. Jh. wieder die Oberhand. Unter beiden Dynastien war Madurai eines der großen kulturellen Zentren Südindiens

Beim Einkaufen in der Textilstadt Madurai

mit Handelsverbindungen bis nach Europa. 1334 wurden Stadt und Tempel von den Moslems zerstört. Schon 1378 konnten die Vijayanagar-Könige aus Hampi aber die Moslems zurückdrängen und den Wiederaufbau beginnen. (C6)

BESICHTIGUNG

Meenakshi Tempel
Südlich des Vaigai-Flusses, praktisch mitten im alten Stadtzentrum nimmt der Tempel einen immensen Raum ein. Die neun Türme, der höchste mißt 48 m, sind von weitem zu sehen. Sie sind terrassiert. Der höchste darf über eine Innentreppe bestiegen werden. Das Ziel der Pilger ist das flache Becken in der Mitte, in dessen heiliges Wasser sie eintauchen. Die Pilger tragen Blumengaben und Kokosnußschüsseln mit Speisen für die Götter. Unter den Säulen drängt sich alles zu den Hochzeiten. In einem Käfig schreien grüne Papageien. Händler verkaufen innerhalb der Tempelmauern Spielzeug und Räucherstäbchen. Meenakshi war die Tochter eines Pandy-Königs, die mit drei Brüsten geboren wurde. Ihr ward aber vorausgesagt, daß sie normale Gestalt annehmen würde, sobald ihr künftiger Gatte sie erblickte. Er kam, es war Sundareshwarar, eine Inkarnation des Gottes Shiva. Der Fremde aber muß kurz vor dem inneren Sanktuarium anhalten. Dort dürfen nur Hindus hinein. Er kann indes in der beeindruckenden Säulenhalle an der Rückseite des Tempels zählen, ob die Hindus übertreiben, 1000 Säulen sollen es angeblich sein. *Tgl. von Sonnenaufgang bis 13 und 16–21.30 Uhr, zwischen 13 und 16 Uhr offen für Fotografen; interessanteste Zeit gegen 21 Uhr, aber nicht regelmäßig,* dann wird Shiva unter großem Trubel für die Nacht zu seiner Frau Parvati getragen.

RESTAURANTS

Ashok Bhawan
Einfach mit geschmackvollen Thalis, veg. und non-veg. *West Veli Street, nahe Bahnhof, Kategorie 3*

Taj Restaurant
Hühnchen in Kokosnußöl, Tandooris. *10 Town Hall Road, Tel. 2 22 50, Kategorie 2*

HOTELS

Hotel Aarathy
Das Tempeltreiben vom eigenen Zimmer aus sehen, nur von den oberen Etagen, einfach. *9 Perumalkol West Mada Street, Tel. 3 15 71, Kategorie 3*

Madurai Ashok
Angenehm in Gärten gelegenes, ordentliches Hotel. *Alagarkoil Road, Tel. 4 25 31, Kategorie 2*

AUSKUNFT

Government Tourist Information Centre
Im *Hotel Tamil Nadu Complex, West Veli Street, Tel. 2 29 57, Mo–Fr 10–17 Uhr, Schalter am Flughafen und Bahnhof 7–20 Uhr,* jedenfalls zu Ankunftszeiten

ZIEL IN DER UMGEBUNG

Periyar Wildlife Sanctuary
Fast auf halber Strecke nach Cochin, aber auch von dort schwer

zu erreichen, liegt am Stausee des Periyar-Flusses in den Cardamonbergen ein bereits 1934 zum Schutz der Tiere abgeschirmtes Reservat. Wilde Elefanten sind hier, auf Höhen von 1000–1800 m, heimisch, Tiger, Leoparden, Antilopen, Hirsche, Wildschweine und seltene Vögel. Bootsfahrt über den See, Elefantenritte. Beste Zeit: *Sept. bis Mai*, wenn die Tiere in der Trokkenheit zum See kommen. Mehrere einfache Hotels, kaum im besten Zustand, am schönsten liegt das *Lake Palace, Tel. 24, Kategorie 2*, auf einer Insel. *Information: Wildlife Information Centre, am See, nahe Bootssteg und Aranya Nivas Hotel*

MYSORE

Die »Stadt des Sandelholzes«, heute noch Wohnsitz des Maharajas, der einst das Gebiet des Staates Karnatake regierte, hat an Bedeutung verloren, seit Bangalore Hauptstadt dieses Staates wurde. Aber Mysore (400 000 Ew.), ebenso wie Bangalore sind von breiten Straßen durchzogen, mit schönen Häusern und Parks, aber längst nicht so groß wie die neue Hauptstadt, eignet sie sich ebenfalls als Ausgangspunkt zu den Tempelstätten von Belur, Halebid und Sravanabelgola (siehe Seiten 105–107). Zum *Dussehra-Fest, Ende Sept., Anfang Okt.*, gerät die Stadt in Taumel. Am zehnten Tag des Festes wird zum Höhepunkt das Bildnis der Göttin Chamundeshwari auf einem Elefanten durch die Stadt getragen. Eine Prozession von Musikern, Priestern, weiteren Elefanten, Pferden und Kamelen wartet ihr auf. (C 5)

BESICHTIGUNG

Palast des Maharaja
Er wurde 1897 nach einem verheerenden Feuer im indosarazenischen Stil wieder aufgebaut. Als der Maharaja Sri Jaya Chamarajendra Wadiyar Bahadpur ihn 1973 der Öffentlichkeit übergab, stellte er sich vor, die Regierung werde ihn als »eine Art Versailles« erhalten. Nun, nicht ganz, aber das ockergelbe Gebäude mit den Zwiebeltürmen, in dem noch einige Nachfahren des Maharaja leben, imponiert schon, besonders der Saal »Durban Hall«, wo zum Dusshera-Fest der juwelenbeladene 200 kg schwere Goldthron des Fürsten ausgestellt wird. *Tgl. 10.30–17 Uhr*

RESTAURANTS

Akshaya Restaurant
»Bombay style«, also reich variierte, vegetarische Thalis. *Im Dasaprakash Hotel, Gandhi Square, Tel. 2 44 44, Kategorie 3*

Shilpashri
Auch nicht-vegetarisch, chinesisch und Fisch aus Kerala. *Gandhi Square, Tel. 2 59 79, Kategorie 2*

Vishala
Akzent auf nordindischen und regionalen Karnatak-Gerichten: Matta Paneer, das Erbsen-mit-Käse-Gericht, Curries, Idlis und Puris, abends Musik. *Vivekanada Road, Tel. 2 77 77, Kategorie 2*

HOTELS

Mehrere der Nebenpaläste der Maharajas wurden in hübsche Hotels verwandelt.

Ashok Radisson Lalitha Palace
Im alten Gebäude mit Ballsaal (modernen Anbau vermeiden) geräumige Zimmer mit Marmorbädern vom Maharaja. *Chamundi Hill, Tel. 2 76 50, Kategorie 1*

Dasaprakash
Schlichte Zimmer, zur Hälfte indische, zur Hälfte westliche Bäder, vegetarisch. *Gandhi Square, Tel. 2 44 44, Kategorie 3*

Krishnarajasagar Hotel
Etwas außerhalb gelegenes, herrliches altes Hotel inmitten wunderschöner Gärten voller Terrassen und Springbrunnen. Prachtvoll eingerichtete altmodische Zimmer. Alles quietscht etwas, ist aber eines Maharajas würdig. *Belgola, 20 km nordwestlich von Mysore, Tel. 22, Kategorie 2*

Rajendra Villas Palace
Ebenfalls außerhalb, ein ehemaliges Wochenendhäuschen des Maharajas mit dessen antiken Möbeln und Blick von Balkons und Terrassen auf die Stadt. *Chamundi Hill, 14 km von Mysore, Tel. 2 06 90, Kategorie 1*

ZIELE IN DER UMGEBUNG

Bandipur
★ Der Wildpark mit Elefanten, Tigern, Bisons, Hirschen und Schwarzen Panthern, *80 km von Mysore*, ist Teil eines 689 qkm großen, von den Maharajas eingerichteten Reservats. Beste Zeit: *Juni–Okt., Field Director, Project Tiger, Aranya Bhavan, Ashokpuram, Mysore, Tel. 2 09 01*

Nagarhole National Park
Ein noch größerer Wildpark. Bis 1971 war er das exklusive Jagdrevier der Maharajas und der Ort von Elefantentreiben; Hunderte wurden hier gefangen und domestiziert. *Game Watching Tour, mit uralten Bussen und Führern, tgl. 17.15 Uhr.*

Übernachtung: Forest Lodges, vegetarische Vollpension in Hütten in der Wildnis. Buchung bei: *Assistant Conservator of Forests, Wildlife Subdivision, Vanivlas Road, Mysore, Tel. 2 11 59, Kategorie 3*

Somnathpur Keshava Tempel
Der typisch sternenförmige Sockel des Hoysala-Tempels ist mit mehreren Sanktuarien unter einem Dach entstanden. Die drei Schreine sind verschiedenen Inkarnationen Vishnus geweiht. Reliefbänder mit Szenen aus dem Ramayana schmücken die Fassaden. Ein Vorgeschmack auf Belur und Halebid, *45 km südöstlich von Mysore.*

PONDICHERRY

Die Fahrt in das 115 km südlich von Madras an der Küste gelegene Pondicherry ist eine Reise ins Absonderliche. Nicht etwa, weil eine Bahnfahrt extrem umständlich ist und man besser mit dem Auto hinkommt. Auch nicht, weil die Stadt bis 1965 von den Franzosen gehalten wurde und in ihrer ehemaligen »Ville Blanc« (durch einen Kanal von der den Indern zugedachten »Ville Noir« getrennt) noch ein wenig gallische Atmosphäre vorhält. Herz der Stadt ist der Ashram des Sri Aurobindo. 1926 zog sich der Meister in sein Innerstes zurück. Er starb 1950. Aber schon bald nach seinem Übertritt ins Spirituelle hatte die französische Diplomatengattin Mira Richard als

»Mutter« die Leitung des Yoga- und Meditationszentrums übernommen, das bis heute Ziel von Erleuchtung suchenden Anhängern aus Indien und der ganzen Welt ist *(Rue de la Marine, Tel. 24863)*, nicht unähnlich dem Anfang der achtziger Jahre populären Ashram des Bhagwan Shree Rajneesh von Poona in der Nähe Bombays. Aber Mutter Mira hinterließ noch ein bleibendes Monument, zu dem es Bhagwan nie brachte. Sie schuf mit Finanzhilfe der Unesco und der indischen Regierung Auroville, die »Stadt der Morgendämmerung«. Die für 50000 Menschen und leichte Industrie vom französischen Architekten geplante Neuansiedlung sollte ein internationales Zukunftsmodell für harmonisches, spirituelles Leben werden. 1968 wurde der Grundstein gelegt, 1973 nach dem Tod der Mutter beendete ein Dauerstreit über die Nachfolge, über Drogen und Spendenmißbrauch die Dämmerung. In der unvollendeten Siedlung leben heute noch rund 1000 Menschen. (C5)

ZIEL IN DER UMGEBUNG

Chidambaram

Weitere *65 km südlich* nimmt der immense Tempel von Chidambaram den Besucher in Beschlag. Zwei der vier riesigen Gopurams sind übersät mit Darstellungen der 108 Posen des klassischen, indischen Tanzes. Der Tempel ist Shiva als kosmischem Tänzer geweiht. Zwei der fünf Tempelhallen sind mit goldenen Dachziegeln gedeckt, über 20000 Stück, jede allein vom Goldgehalt über 200 Mark wert. Im *Febr/März* ist das Fest des Kosmischen Tänzers, *Natynajali*, aber auch fünfmal täglich wird zu den Pujas Trommelwirbel und Gesang angestimmt. *Tgl. von Sonnenaufgang bis 12 Uhr und 16–22 Uhr.*

Übernachtung: *Hotel Tamilnadu*, einfach mit Restaurant, *Station Road, Tel. 2223, Kategorie 3*
Information: *Tamil Nadu Tourist Office, Mo–Fr 10–13.30 und 14 bis17.30 Uhr, neben dem Hotel, Tel. 2939*

TANJORE (THANJAVUR)

Am Rande des Deltas des Cauvery-Flusses inmitten von Reisfeldern liegt die landwirtschaftliche Stadt (150000 Ew.), in der einst Vishnu den Dämonen Thanjam getötet haben soll. Dieser bat im Todesringen darum, den Ort nach ihm zu benennen. Und so war es geschehen. Die Cholas regierten hier vom 10.–14. Jh. Nach jeder erfolgreichen Schlacht bauten sie einen neuen Tempel, 70 sollen es gewesen sein. Sie stauten den Fluß und legten einen Kanal an, schufen so die Voraussetzungen für den heute nicht viel anders als damals betriebenen Reisanbau. (C5)

BESICHTIGUNGEN

Brihadeshwara Tempel

Das 11. Jh. n. Chr.: Um den 80 Tonnen schweren Granitblock auf den 66 m hohen Tempelturm zu schaffen, mußte der Chola-Kaiser Rajaraja der Große erst einmal eine 6 km lange Rampe anlegen lassen. Zentimeter für Zentimeter zogen Tausende die Turmkrone hinauf. Irgendwann, vermutlich zur Zeit der Moslemeinfälle im 14. Jh., wurden die Fresken im Tempelinneren übertüncht. Vor 300 Jahren wurden sie wieder freigelegt. Aber sie bleiben der Öffentlichkeit versperrt (auf gut begründete Anfragen erteilt mitunter das *Archeological Survey of India, Fort St. George, Madras 600001, Indien* Sondergenehmigungen). Vom Vorraum kann man aber das über vier Meter hohe, mit Blumen und Silber geschmückte Lingam erblicken, ein Phallus von seltenen Dimensionen. Vor dem Heiligtum sitzt in seinem Schrein Shivas Bulle Nandi. Er ist aus schwarzem Granit gehauen. *Tgl. 6–12 und 16–21 Uhr*

Nayak-Palast
Nordöstlich des Tempels steht im Zentrum der Altstadt das mächtige Fort der Nayaks aus dem 16. Jh. auf den Ruinen eines Chola-Palastes. Bitte einen ehrfürchtigen Blick in die Bibliothek: 30000 Palmenblatt- und Papiermanuskripte in indischen und europäischen Sprachen.

Schwartz Church
Östlich des Palastes steht die Kirche des dänischen Missionars C.V. Schwartz. Der Priester war ein Freund und Lehrer des Marathen-Herrschers Rajah Serforji. Dieser ließ nach dem Tode Schwartz' die Kirche bauen und mit einem schönen Marmorrelief seines Freundes ausstatten.

RESTAURANTS UND HOTELS

Hotel Parisutham
Sauber und mit ein paar Marmorapplikationen, einige Zimmer mit Air Conditioning, Restaurant veg. und non-veg. *55 G. A. Canal Road, Tel. 2 14 66, Kategorie 2*

Hotel Tamilnadu
Im kleinen, baumbestandenen Garten, oben westlich, unten indisch, manche Zimmer mit Balkon. Restaurant veg. und non-veg. *Ghandi Road, Tel. 2 14 21, Kategorie 3*

TIRUCHIRAPALLI

Die Stadt (500000 Ew.) am Cauveri-Fluß wird beherrscht vom Rock Fort, einer Bergfestung mit einigen Tempeln und Höhlentempeln. 5 km außerhalb steht der größte Vishnu-Tempel Indiens. Tiruchirapalli, jeder sagt nur kurz Trichy, ist ein landwirtschaftliches Zentrum und eine kleine Industriestadt. Sie liegt aber genau in der Mitte von Tamil Nadu, zudem an der Hauptbahnlinie Madras–Madurai, hat einen Flughafen mit täglichen Städteverbindungen und einen gut frequentierten Bus-Stand sowie etliche günstige Hotels, so daß sie für den ernsthaften Tempelbesucher ein ideal gelegener Ausgangspunkt zu den heiligen Stätten Südindiens ist. (C 5)

BESICHTIGUNGEN

Rock Fort
300 Stufen geht es zum Wahrzeichen der Stadt hinauf. Die Tempel dürfen nur von Hindus betreten werden. Die Höhlentempel sind jedem offen, aber lohnen im Vergleich zu anderen kaum. Der Rundblick auf Fluß, Stadt und Tempel ist prächtig.

Srirangam Tempel
Auf einer Insel des im 11. Jh. von den Cholas gestauten, im Winter aber fast trockenen Cauvery stehen die beiden Tempel Ranganathaswamy und Jambukeswaram. Ranganathaswamy, knapp 2 km hinter der Brücke, ist der sehenswertere, der größte dem Vishnu geweihte Tempel des Subkontinents. Eine Stadt für sich. 700 mal 900 m mißt die äußerste der sieben Mauern. Basare, Festhallen, Wohnstätten der Priester und Sanktuarien breiten sich in ihr aus. Im Hof müssen die Schuhe abgelegt *(20 Paise Aufbewahrungsgebühr)* und Kameragebühren bezahlt *(10 Rupees für Fotoapparate, 50 für Filmkameras)* und ein Führer entlohnt *(80 Paise dafür, daß er ein Tor öffnet)* werden. Es lohnt sich. Das innerste Heiligtum ist ohnehin, wie auch das des Jambukeswaram, für Nicht-Hindus gesperrt. Von der Plattform, zu der der Führer das Tor öffnet, blickt man auf die Gopurams und das goldene Dach des Allerheiligsten, in dem Vishnu als Inkarnation in der Gestalt des Sri Ranganatha auf einem Bett von Schlangen ruht, und in welcher auch Gott Rama selber vor der Statue gebetet haben soll. Auch dieser Tempel hat eine 1000-Säulenhalle mit tatsächlich 940 Säulen. Der Tempel wurde im 12. Jh. begonnen, der siebte Turm erst 1987 vollendet. *Tgl. 9–18 Uhr*

RESTAURANT

Chogori Restaurant
Chinesische und einige westliche Gerichte, die einzige nichtvegetarische Gaststätte. *Im Rajali Hotel, Tel. 4 13 01, Kategorie 2*

HOTELS

Ashby Hotel
Einfaches, kleines Hotel im Garten abseits der Straße, ruhig, aber ohne warmes Wasser. *17-A Junction Road, Tel. 2 36 52, Kategorie 3*

Aristo Hotel
Farbenprächtiges, westliches Hotel mit Hauptgebäude und Bungalows im Garten. *2 Dingigul Road, Tel. 4 18 18, Kategorie 3*

Rajali Hotel
Hübsch mit Rattanmöbeln und Swimmingpool, neben dem chinesischen noch ein vegetarisches Restaurant. *3/14 MacDonald's Road, Tel. 4 13 01, Kategorie 2*

TRIVANDRUM

Die Hauptstadt (900 000 Ew.) von Kerala ist eine recht moderne ausgedehnte tropische Stadt. Von hier ist es nicht weit bis zum Arabischen Meer und dort findet sich ★ Kovalam Beach, ein Ziel, das die weite Reise in den Süden lohnend macht. So stellen sich viele das Paradies vor: Ein kilometerlanger, palmengesäumter Sandstrand an einer Bucht, klares, warmes Wasser, erst weiter draußen zieht die Strömung und türmen sich die Wellen der offenen See. (C 6)

RESTAURANTS UND HOTELS

Kaum jemand wird in der Geschäfts- und Politikstadt Trivandrum bleiben. Zum 12 km entfernten Strand sind es nur 20 Minuten mit dem Taxi oder eine halbe Stunde mit dem Bus. Cafés und fliegende Händler bieten Getränke und Imbisse an (um den Preis handeln!). Richtige Restaurants finden sich fast ausschließlich in den Hotels. Wie in Goa können auch Hütten und Bungalows gemietet werden.

Ashok Radisson Beach Resort
In Terrassenform gebautes, neueres Hotel mit Tennisplätzen, Swimmingpools und Fitneßcenter, Läden, Café, Imbiß und Restaurant. Schön, aber sehr teuer die Suiten in dem eigenwilligen viktorianischen Schloß auf dem Gelände. *Kovalam Beach, Tel. 6 80 10, Kategorie 1, Schloßsuiten Luxuskategorie*

Hotel Seaweed
Einfache, saubere Zimmer, manche mit Balkon, Restaurant auf dem Dach. *Lighthouse Road, Kovalam, Tel. 6 08 06, Kategorie 3*

Rockholm
Auf einem Felsen über dem Meer gelegenes Haus mit hübschen, hellen Zimmern, großen Bädern und Balkons. Das Restaurant ist auf Fisch spezialisiert. *Lighthouse Road, Vizhinjam, Tel. 69 55 21, Kategorie 2*

ZIEL IN DER UMGEBUNG

Kanya Kumari (Cape Comorin)
An der südlichsten Spitze Indiens laufen viele Wasser zusammen, die des Arabischen Meeres, der Bengalischen Bucht und des Indischen Ozeans. Wie sollte es da anders sein, die Stelle ist heilig. Der Hindulegende zufolge verliebte sich die jungfräuliche Göttin Kumari Amman in Shiva. Der aber war tief in Meditation versunken und blieb von ihrer Schönheit unberührt. Sie glaubte, gestrenges Büßen würde des Gottes Aufmerksamkeit erregen und gab sich entbehrungsvoller Anbetung hin. Und siehe da, Shiva erhörte sie – versprach aber die Hochzeit erst für eine spätere Inkarnation. Wütend warf sie darauf das schon vorbereitete Hochzeitsarrangement in die See, der Grund, daß die Sände hier so bunt erscheinen.

Andere fanden mehr Freude an der Lage. Im Palast des Maharajas, Padmanabhapuram, auf zwei Dritteln des Weges zum Kap kann ein Speisesaal für 1000 Gäste und des Herrschers Bett bestaunt werden. Es ist ein Geschenk der Portugiesen, aus 64 verschiedenen medizinischen Hölzern angefertigt. Seine Gemahlin bevorzugte indes, sich auf Elfenbein zu betten. Hinter den Schirmen des Tanzsaales durften die Damen des Hofs zusehen, wie sich die Herren am Reigen erfreuten.

Direkt am Kap steht der Tempel der unglücklichen Kumari Amman, heute ein Symbol von Einheit und Hingabe. Der Gedanke von der Einheit bezieht sich auf den modernen Staat, die Indische Union. Mahatma Gandhis Asche wurde sofort nach der Ermordung 1948 hierhergebracht und in die See gestreut. Die Urne, die des Staatsgründers Asche trug, steht im Gandhi-Memorial. Am 2. Oktober fällt der Schatten eines Zeigers auf sie.

Auch Indiens großer Philosoph Vivekanada meditierte hier 1892, bevor er zum Weltkongreß der Religionen in Chicago reiste. Sein Memorial steht neben dem Schrein, in dem die Gläubigen den Fußabdruck der Jungfrau im Stein glauben erkennen zu können. (C 6)

Rudern, wandern und beten

Im unruhigen hohen Norden finden sich himmlischer Friede und westliches Glück abseits der Städte

Kommt man nicht zum Skifahren nach Indien, dann tut man gut daran, seine Reise so zu planen, daß die Fahrt in den hohen Norden in die Sommermonate fällt. Und hier sind umstrittene Gebiete. Der Punjab will sich, weil es den Menschen hier besser geht, von der Union trennen. Der Aufstand im Goldenen Tempel von Amritsar vor einigen Jahren war ein Zeichen des Unabhängigkeitsstrebens. Lange Zeit danach war der ganze Staat für Ausländer gesperrt. Er liegt zu Füßen des Himalaya. Fünf Flüsse, das genau bedeutet auch der Name, durchlaufen den Punjab, bevor sie sich westlich in den Indus in Pakistan ergießen. Sie machen das Land fruchtbar. Die Felder sind im Punjab ertragreicher als die anderswo.

Noch viel anders sind die Staaten Jammu und Kashmir, ein Paradies an den Hängen des höchsten Gebirges der Welt. Tiefer Schnee hüllt sie im Winter ein. Im Frühling bricht die Farbenpracht der Gebirgsblüten aus. Auf dem ruhigen Wasser des Dal-See schwimmen Hausboote. Der Herbst bringt uns bekannte Früchte wie Äpfel, Aprikosen und Pfirsiche. Wie Schweizer Chalets hängen die Häuser in den Bergen. Von buddhistischen Tempeln klingt der zarte Schlag der Windglocken. Leer ist es hier, ein ungewohntes Bild für Indien. Hinter den Tälern öffnen sich die Panoramen des Hochgebirges. Über allem türmt der »K2« genannte Mount Gadwin Austen mit 8611 Metern. Doch auch die Dachterrasse der Götter ist umstritten. Pakistan und China reklamieren größere Teile der oft mondlandschaftlich kargen Gebirgswelt für sich.

Alle hier beschriebenen Gebiete sind zur Zeit dem Fremden offen. Aber er muß mit militärischer Präsenz, Kontrollen und mitunter sogar bewaffneten Eskorten rechnen.

Auf den Höhen des Kashmir: Reisterrassen im Gulmarg-Tal

AMRITSAR

Es fällt sofort auf, daß hier alle etwas wohlhabender sind. Autos zwängen sich durch die Straßen.

MARCO-POLO-TIPS FÜR PUNJAB UND KASHMIR

1 Dal-See
Der See im Kashmir-Tal, an dessen Ufern die Moghulen ruhten (Seite 130)

2 Golden Tempel
Der mysteriöse religiöse Schrein der militanten Sikhs in Amritsa (Seite 124)

3 Hausboot
Erholung im schwimmenden Heim, mit Dienstpersonal (Seite 132)

4 Hemis
Das größte Kloster der tantrischen Buddhisten auf dem Dach der Erde (Seite 129)

Motorroller knattern, Fernsehantennen auf den Dächern zeugen davon, daß nur in Bombay und Delhi mehr Menschen als im Punjab vom Fortschritt gesegnet sind. Gleichwohl: Die 1579 angelegte Stadt ist von Mauern umschlossen, 18 Tore nur führen hinein und die Symbole des Wohlstands müssen mit den traditionellen Artefakten in Einklang gebracht werden. Elektrischen Strom gibt es hier, durchaus keine Selbstverständlichkeit im übrigen Indien. Und Amritsar (550 000 Ew.) leuchtet. Vor allem aber leuchtet der Goldene Tempel, nach wie vor das dominante Bauwerk der Stadt, der bedeutende Schrein der Sikhs, die im Punjab die Mehrheit stellen. Mindestens einmal im Leben wollen sie ihn aufsuchen. Er steht in einem künstlichen See, dem »Nektar der Unsterblichkeit«, von dem die Stadt ihren Namen bekam, und er ist heute wieder, fast ein Jahrzehnt nach dem Aufstand, ein Ort himmlischen Friedens. Denn die Sikhs sind nicht nur militant. Sie sind auch fleißig und tief religiös.

BESICHTIGUNG

Golden Tempel

★ Es läßt sich leicht sagen, trifft nur selten zu, hier aber ist es wahr: Dies ist einer der interessantesten Tempel der Welt. Eine Brücke überspannt den Teich. Bevor Besucher den Tempel betreten dürfen, müssen sie ihre Taschen von Zigaretten entleeren, da bei den Sikhs das Rauchen verpönt ist, ihre Schuhe abstreifen, die Füße in einem Becken waschen, entweder barfuß laufen oder besondere, nie zuvor genutzte Socken überstreifen und den Kopf bedecken. Der Tempel steht auf einem immensen, ummauerten marmornen Hof. Am Ende des Komplexes steht der Akal Talht, der Unsterbliche Thron der Tempelpriester. Um das Becken sitzen Hunderte mit gekreuzten Beinen. Sie schlafen, denken nach, unterhalten sich, essen oder lesen. Manche schreiten zum Bad in das Wasser. Blumenhändler verkaufen Girlanden von Marigold. Männer in blauen Gewändern tragen stolz ihre Schwerter. Alte Frauen bie-

Das Allerheiligste der Sikhs: der goldene Tempel von Amritsar

ten Wasser aus Kupferschüsseln zur Erfrischung an. Auf einzelne Kacheln sind die Namen ihrer Spender eingraviert.

In der Mitte des Teichs steht der Tempel selber, Golden, weil seine Kuppel und die obere Fassade 1802 von Maharaja Ranjit Singh mit vergoldeten Kupferplatten verkleidet wurden. Er wurde im 16. Jh. von Arjun Dev, dem fünften der zehn Gurus erbaut, ist seither das höchste Heiligtum der Sikhs. Im 18. Jh. wurden sie von den Mughul-Truppen verjagt, deren Stadtkommandant benutzte den Tempel als Tanzhalle, bis 1740 zwei verkleidete Sikhs in ihr Heiligtum eindrangen und den Statthalter töteten. 1758 befreite ihn eine Gruppe von Sikhs erneut von Fremdherrschaft, ihr Anführer Baba Dip Singh kämpfte noch, als sein Kopf schon abgeschlagen war. Sein Mausoleum steht auf dem Tempelgelände. 1984 wurde der Tempel von indischen Truppen, die den Aufstand der Sikhs niederschlugen, schwer beschädigt. Doch heute ist er wieder fast vollständig restauriert.

RESTAURANTS

Napoli Restaurant

Beliebt bei besser gestellten Einheimischen, reichhaltige Punjab-Gerichte ohne Fleisch und Alkohol. *Queen's Road, Tel. 6 60 94, Kategorie 2*

Kwality

Solide indische Gerichte aller Art – der Name hält, was er verspricht. *The Mall, Tel. 2 28 40, Kategorie 2*

HOTELS

Mrs. Bhandari's Guest House

Eine angenehme Pension im Privathaus, aber außerhalb. *10 Cantonment, Tel. 6 42 85, Kategorie 2*

Mohan International Hotel

Air Conditioning, Zimmer mit Bädern, das Hotel hat einen Swimmingpool. *Albert Road, Tel. 6 64 84, Kategorie 2*

Ritz Hotel

Ähnlich ausgestattet wie das Mohan, etwas billiger. *The Mall, Tel. 6 64 41, Kategorie 2*

CHANDIGARH

Brasilia, die mitten in den Urwald gesetzte Hauptstadt Brasiliens, kennt jeder, Chandigarh aber niemand. Und doch ist sie das indische Gegenstück zur südamerikanischen Kunststadt. Sie wurde 1947 erfunden, zum alleinigen Zweck, dem indischen Punjab eine neue Hauptstadt zu geben, da die eigentliche, Lahore, mit dem westlichen Teil des Punjab an Pakistan fiel. Gebaut wurde erst von 1951 bis 1965. Hauptstadt des Staates Haryana, aus dem östlichen Punjab herausgeschnitten, wurde sie schließlich 1966. Kommt das Bild aus Beton, schnurgeraden Straßen und der schmucklose Kubismus der Häuser bekannt vor? Le Corbusier durfte sich hier verwirklichen und mit ihm ein Dutzend seiner Schüler. Zögen nicht ein paar heilige Kühe und gelegentlich ein deplaziertes Kamel durch die Straßen, dann könnte man meinen, nur Menschen hielten es hier aus. Ein Elfenbeinturm der modernen Architektur, einer der zumindestens der Zunft nicht verborgen blieb, die sich dann doch lieber der Postmoderne verschrieb – und anderswo solch unnütze, aber wohl das Auge erfreuenden Elemente wie Säulen, Erker, Schnörkel und unbenutzten Raum für die Bauten verwendete. Chandigarh aber ist Bauhaus in Reinform geblieben – eines der merkwürdigsten Denkmäler von Stadtentwicklungspolitik. Als es geplant wurde, sprach man vom Prototyp aller zukünftigen indischen Städte. Gott war davor. (C 1)

Buddha grüßt: Tschörten am Ortseingang von Leh

HOTEL

Hotel Pankaj
Wenn in Chandigarh, tu's wie die ... es gibt einen roten Teppich im Treppenhaus, Le Corbusier wäre gerecht bestraft gewesen, wenn er hier den Rest seines Lebens hätte verbringen müssen. Restaurant: *Sector 22-A, Tel. 41906, Kategorie 3*

LEH

Ein Abenteuer ist die Reise in den größten Ort des Ladakh, der höchstgelegenen Region Indiens, nicht mehr wirklich. Zwar führt die kurvenreiche Gebirgsstraße von Srinagar über drei extrem hohe Pässe, den Zoji-La von 3529 m, den Manika-La von 3718 m und den Fatu-La von 4094 m. Und Busse brauchen für die 434 km lange Strecke mindestens zwei volle Tage. Aber dreimal in der Woche fliegt auch Indian Airlines von Srinagar nach Leh und je zweimal von Delhi und Chandigarh. Auf dem Dach der Welt preist ein Geschäft in deutscher Sprache den Verkauf von »Antiken« an. Aber doch: Trotz westlicher Pilger bleibt Ladakh die Inkarnation des tibetanischen Buddhismus. Das Land ist öde wie der Mond. Gletscherwasser läßt nur ein paar kleine Felder ergrünen. Einige Sonnenkollektoren geben Strom. Im Winter fällt die Temperatur auf minus 50 Grad Celsius. Nur selten ziehen dann Wolken auf.

Der Buddhismus wurde im 3. Jh. v. Chr. von Mönchen des Kaisers Ashoka hierhergebracht, lange bevor er nach Tibet kam. Schon im 4. Jh. n. Chr. berichtet der reisende Mönch Fa-shein von Dutzenden von Klöstern mit buddhistischen Riten, von Leh auf Treks zu erreichen.

Dominierend ist heute gleichwohl der moslemische Glaube, der vor 300 Jahren eingeführt wurde. Leh in 3554 m Höhe und mit rund 10 000 Einwohnern ist im Grunde eine einzige Basarstraße, eine lange Hauptstraße mit einem Gewirr von Nebengassen, von denen man aber immer leicht zur Hauptstraße zurückfindet. Im Hauptbasar steht die Moschee aus dem Jahre 1594. Überall sitzen die Ladakhen herum, rauchen, trinken gebutterten Tee und handeln. Verheiratete Frauen tragen hohe Hüte und volle Röcke, unverheiratete sind barhäuptig und tragen einfachere Kleider. Fremde werden von den Händlern aus Kashmir, die sich hier oben niedergelassen haben, gnadenlos bedrängt: »Antiquitäten« sollen sie kaufen.

BESICHTIGUNG

Königspalast
Über allem steht der Leh Palace auf dem Palasthügel. Der Hügel, ein Granitvorsprung in der Form eines Elefantenkopfes, muß nicht unbedingt bestiegen werden. Neun Stockwerke hat der Palast und hundert Räume. Um 1600 wurde er erbaut. Im vergangenen Jahrhundert aber wurde er in den Dogra-Kriegen schwer beschädigt, die königliche Familie floh und kam nie zurück. Vandalismus, Wind und Wetter taten ein übriges. Auch das Fort und der Tempel der Göttlichen Wächter sind in einem üblen Zustand. Der Aufstieg lohnt vor allem wegen des Blicks nach unten. Der Blick hinauf ist indes grandios, verklärt durch die Gnade der Distanz. Angebliche Öffnungszeiten: *6–9 und 17–19 Uhr*

RESTAURANT

Dreamland
Tibetische und chinesische Gerichte, auf Vorbestellung gibt es das Festmahl für 8–10 Personen, Gagok, ein tibetanischer Eintopf mit Lamm, Karotten und Klößen. *Kategorie 3*

HOTELS

Der Tourismus bringt Ordnung. Hotels in Ladakh sind in Klassen von A bis D, Guesthouses in Upper, Medium und Economy eingeteilt worden. Die Wirte halten sich nicht unbedingt daran. In der Nebensaison gehen sie unter die offiziell festgelegten Preise, in der Hochsaison versuchen sie mehr herauszuschlagen. Hotels der (obersten) Klasse A sind meist von Gruppen ausgebucht. Die Hotels bestehen gewöhnlich auf Vollpension, die Guesthouses nicht. Unsere Kategorien beziehen sich nur auf den Übernachtungspreis.

Hotel Dragon-Leh
16 einfache Zimmer mit Bad, neben dem Haus zelten die Träger der Trek-Gruppen, die in diesem Hotel bevorzugt übernachten. *Tel. 139, Kategorie 3*

Himalayan Hotel
Sehr einfaches, windschiefes Haus, aber an romantischer Stelle unter Weiden am Bach gelegen. *Tel. 104, Kategorie 3*

Lha-Ri-Mo Hotel
Einfach und ordentlich, alle Zimmer mit Veranden und guter Aussicht auf die Berge. *Tel. 101, Kategorie 2*

New Antelope Guesthouse
Freundliches Gasthaus im indischen Stil. *Tel. 86, Kategorie 3*

Tsemo-La Hotel
Hinter Sonnenblumen fast versteckte, ehemalige Privatvilla, schöner Garten, Badezimmer. Tip: eines der beiden oberen Zimmer mit Balkon im Hauptgebäude für beste Aussicht nehmen. *Tel. 94, Kategorie 2*

AUSKUNFT

Tourist Office
Nahe Indian Airlines Büro auf der Hauptstraße. Sommer tgl. 8–19 Uhr, Winter 10–16 Uhr

ZIELE IN DER UMGEBUNG

»Klein Tibet«, das letzte Shangri-La auf dem weiten Hochplateau muß erwandert werden, obwohl überall hin Busse, Taxis und (teure) Jeeps fahren. Wer gerade mit

Und ewig dreht sich die Gebetsmühle: im Kloster Lamayuru

dem Flugzeug angekommen ist, sollte sich wegen der dünnen Luft aber erst einmal einen Tag zur Eingewöhnung geben. Gut eingelaufene Bergschuhe sind ein Muß. Hotels und Pensionen geben Lunchpakete mit. Richtige Trekker und Bergsteiger rüsten sich indes besser in Srinagar oder Delhi aus. Ratsam sind mehrere Lagen Kleidung, so daß man bei Bedarf einiges aus- oder wieder anziehen kann. Die Sonne ist extrem, gute Sonnenbrillen und Creme sind absolut unerläßlich. Ziele sind die *Gompas*, die Stätten des tantrischen Buddhismus. Tantrische Riten äußern sich in mystischen Gesängen, den Mantras, und Zeichnungen, den Yantras. »Om mani padme hum«, das sechssilbige Mantra, »Gepriesen sei das Juwel im Herzen des Lotus«, ist überall in Gebetssteine und Mauern am Wegesrand eingeritzt. Die Gompas werden von Rinpoches geleitet, praktisch Äbten, die aber nicht nur das mönchliche Leben bestimmen, sondern auch ärztlich und richterlich in weltliche Angelegenheiten eingreifen. Die Gompas sind atemberaubende Bauten, stets fragt man sich, wie es möglich war, an solch steilen Hängen die Klöster zu bauen und zu schmücken. Die Lamas sind freundlich, lassen einen in den Gompas herumwandern, zeigen gerne Küchen und Kunstschätze. Trinkgelder – sie sind ja für das Höhere bestimmt – lehnen sie keineswegs ab. Trekks bedürfen in Ladakh keiner speziellen Permits.

Hemis

★ Das größte und reichste Kloster liegt versteckt an einem steilen Abhang. Es ist der Sitz des Rotmützenordens, wurde vor gut 400 Jahren gebaut. In der düsteren Halle sitzen die juwelengeschmückten Götter mit den goldenen Schüsseln, in welche die Lamas Wasser und gebutterten Tee einschenken. Im *Juni/Juli* zum *Hemis-Fest* führen die Rotmützen beeindruckende Maskentänze auf.

Einfache Unterkunft beim Kloster. *47 km von Leh, tgl. 7–19 Uhr,* der große Tanka, das Meditationsbild wird alle 11 Jahre enthüllt, das nächste Mal 2002.

Shey und Thiksey

Der Shey-Palast, weitgehend in Ruinen, war die Sommerresidenz der Könige von Ladhak und der Ort, wo die Königinnen traditionell ihre Kinder zur Welt brachten. Innen aber steht noch die vergoldete, juwelengeschmückte Figur Maitreyas, ein zukünftiger Buddha. In gut 3 km Entfernung steht auf einer Anhöhe das 12stöckige Kloster Thiksey, an dem acht Jahrhunderte lang gebaut wurde, mit einer Säule, an der Buddhas Lehren abzulesen sind, und einer großen Bibliothek. Vom Kloster kann man auf den Oberlauf des Indus hinabblicken. *26 km von Leh, tgl. 7–19 Uhr, Eintritt für Palast 5 Rs., für Kloster 10 Rs.*

Spitok

Wen die Füße nicht so weit tragen, Spitok nahe dem Flughafen ist das 500 Jahre alte Hauptkloster des Gelbmützenordens auf einem kleinen Hügel über dem Indus. Die Gebetshalle ist voller geschmückter Götter und Tankas. *10 km von Leh, tgl. 7–19 Uhr, Eintritt 15 Rs.*

Stok

Über eine Hängebrücke voller Gebetsfahnen geht es von der Hauptstraße ab zum Stok-Palast im Dorf Stok. Hier lebt die Königin von Ladakh, vier Räume sind zugänglich. Sie enthalten Tankas mit Szenen von Wundern, die Buddha vollbrachte. Der heiligste ist von einem Vorhang verhüllt, den der Wächter-Lama aber gerne beiseite schiebt. Der Blick vom Palast auf das Dorf und die Felder voller Stupas ist prächtig. *17 km von Leh, tgl. 8–18 Uhr, Eintritt 20 Rs.*

SRINAGAR UND KASHMIR-TAL

Schon den Moghul-Kaisern war nicht entgangen, daß dies eines der schönsten Gebiete Indiens ist. Seit ihrer Zeit ist das Kashmir-

Tal ein Sommerrefugium derer, die der Hitze der nordindischen Ebenen entfliehen können. Am meisten überraschen die Hausboote, auf denen viele leben. Die Grachten von Amsterdam kommen in Erinnerung, aber auf 1700 m Höhe und umgeben von Gipfeln, die auf über 7000 m hinaufragen. Es ist ein Garten Eden voller Reisfelder, Blumenwiesen und Obsthainen. Manche indische Forscher behaupten, der Stamm der B'nai Israel habe sich in das Tal zurückgezogen, nachdem ihn Moses aus Ägypten geführt hat. Belegt ist indes, daß der Moghul-Kaiser Akbar im Jahre 1586 Kashmir annektierte. Zuvor dürfte es vom 3. Jh. v. Chr. ein Teil des Reiches von Kaiser Ashoka gewesen und fortan von den wechselnden buddhistischen und hinduistischen Dynastien regiert worden sein. Nach den Moghulen fielen 1739 der Perserkönig Nadir Shah und 1752 der Afghane Ahmed Shah Durani ein. 1846 wurde Kashmir dem Maharaja Gulab Singh von Jammu zugesprochen. Er begründete die Dogra-Dynastie, die bis zur Unabhängigkeit über die Moslem-Mehrheit regierte. Das Ende der Kolonialzeit brachte die Teilung zwischen Indien und Pakistan. Und das ist der Hintergrund für die bis heute immer wieder aufflammenden Spannungen: Viele Kashmiri wünschen sich eine Wiedervereinigung und die Unabhängigkeit von den beiden Großstaaten.

Und noch etwas nimmt dem Garten Eden ein Stück vom Paradiesischen: Die Stadt Srinagar, gut 700 000 Ew., steht an Papphäusern, unaufhörlichem Gehupe, an Gedränge und Geschiebe der Hektik von Bombay nur wenig zurück.

Auf einer Bootsfahrt durch die »Schwimmenden Gärten« des Dal-See aber läßt sich alles vergessen. Leise taucht das Paddel des Bootsmanns ein, an hölzernen Teehäusern kann man anlegen, auf den Terrassen der Moghulen picknicken und auf die Schnitzereien der Hausboote schauen.

Auf Fahrrädern – Verleih beim *Dal Gate* und *Regal Chowk Square* – können die Dörfer der Umgebung entdeckt werden, abgelegene Flecken, deren Mittelpunkt ein Laden ist, und in denen Hühner, Enten und Ziegen den meisten Lärm machen, während die Bewohner Reis dreschen und Obstbäume beschneiden.

BESICHTIGUNGEN

Dal-See und »Schwimmende Gärten«

★ Der rund 8 km lange und bis zu 4 km breite See ist im Sommer von weiten Lotusblumenfeldern bedeckt. Ihn säumen die vor 300 Jahren von den Moghulen symmetrisch angelegten »Schwimmenden Gärten«. Der Chinar-Bagh-Kanal verbindet den Dal-See mit dem ebenfalls bezaubernden, auch zum Wassersport genutzten Nagin-See. Die schönste Art, alles zu sehen und zu einem Badeplatz zu kommen, ist es, sich mit einem Shikara herumfahren zu lassen. Die kleinen Boote haben Kissen und Vorhänge unter den kleinen Baldachinen.

Chasma Shahi, der erste Garten, liegt oberhalb des Ostufers, kann also nicht direkt vom Boot aus betreten werden. Stufen führen zu ihm hinauf, ein Hang voller Blumen, Brunnen und Wasserfälle. *Nassem Bagh* am selten besuchten Westufer ist voller Chenar-Bäume, die aus Persien importiert wurden und nur dort und im Kashmir gedeihen. *Nishat* liegt am Ostufer, gut die Hälfte des Sees hinauf. Terrassen breiten sich aus, Blumenbeete und Rasen, mittendrin stehen zwei Pavillons. *Shalima*, der »Garten der Liebe« ist der größte, am Ende eines Kanals des Nordufers gelegenen Garten. Die romantischen Nächte der Moghul-Herrscher und ihrer Haremsdamen leben abendlich *(Mai-Okt., ca. 20.30 Uhr, 6 Rs.)* in Son-et-Lumière-Veranstaltungen fort. Shikaras können *tgl. von 8 Uhr* an den *Boating Ghats* gechartert werden, der Preis ist auszuhandeln.

Shankaracharya Hügel

Auf dem 350 m über der Stadt gelegenen Hügel steht ein hinduistischer Shiva-Tempel aus dem 8. Jh., in der Nähe die *Shah-Hamdam-Moschee*, für deren Holzbau weder Schrauben noch Nägel verwendet wurden. Von oben, eine Stunde Aufstieg oder Taxi, prächtiger Blick über See und Stadt.

RESTAURANTS

Die Moghulen liebten die reichhaltige Fleischkost, ihre Gerichte sind bis heute im Kashmir populär: Biryanis, Kebabs und Wazwan, ein Festmahl aus einem Dutzend verschiedener Speisen. Tee wird gewürzt, mit Mandeln, Kardamon und Safran.

Adhoo's

Einfache aber gute Kashmir-Gerichte, Lamm und Huhn, auch Tandooris und Picknicks zum Mitnehmen. *Residency Road, Tel. 756 88, Kategorie 3*

Alka Salka

Chinesische, kashmiri und indische Gerichte, beliebt bei Einheimischen. *Sharwani Road, Tel. 765 59, Kategorie 3*

Blumengebinde zwischen Lotusblättern: Verkäufer auf dem Dal-See

Lhasa
Chinesische Gerichte, aber spezialisiert auf die tibetanische Küche, deren ungewohnte Namen und Inhalte gerne erklärt werden, z.B. Mo-mo: tibetanische Klößchen. *Boulevard Lane, Tel. 71438, Kategorie 2*

EINKAUFEN

Handwerkliches, Pappmachée, Gestricktes, Seiden, natürlich Kashmir-Teppiche, aber auch tibetanischer Schmuck und Andenken und sogar Trekkausrüstungen sind in Srinagar besser zu kaufen, als oberhalb in Ladakh, wo etliche der Waren herkommen. Alles hängt indes vom eigenen Geschick beim Handeln ab, die Verkäufer haben viel Zeit, sehr viel Zeit . . . Die meisten Geschäfte sind an der *Hari Singh High Street*, der *Lambert Lane*, der *Polo View* und *Residency Road* zu finden.

Government Central Market
Komplex mit Gärten, Restaurants und Läden aller Art. *Central Market, tgl. 10–19 Uhr*

Cottage Arts Emporium, National Handicrafts Emporium und Kashmir Government Arts Emporium
Alle mit Festpreisen, alle *Residency Road, Mo–Sa 10–19 Uhr*

ÜBERNACHTUNG

Hausboote
★ Die Maharajas erlaubten den Briten, die sich in der Sommerhitze gerne in die Frische Kashmirs zurückzogen, nicht, Land zu kaufen. Aber schlaue Engländer: sie führten die Hausboote ein, viele von ihnen noch heute ein Stück »merry old England« in einer Seelandschaft, über die Jawaharlal Nehru sagte: »Manchmal ist die schiere Schönheit überwältigend, wie können jene, die in ihren Bann gerieten, sich von diesem Zauber je lösen?« Hausboote sind geräumig, bis zu 7 m breit und 40 m lang und in sechs Räume eingeteilt. Das Oberdeck ist ideal zum Sonnen, zu jedem gehört ein Shikara. Das Personal umfaßt Koch, Hausdiener und Bootsmann zum Shikarafahren. Wer ein solches schwimmendes Heim nicht mit anderen teilen will, kann es ganz für sich allein mieten, muß aber auch für die leer bleibenden Räume und die nicht voll ausgenutzte Kraft des Dienstpersonals mitzahlen. Glücklicherweise ist alles mit besten indisch-bürokratischen Vorschriften geregelt. Die Boote sind in Klassen eingeteilt: Doonga (für Hippie-Gruppen), D, C, B, A, A Super, A Delux, A Super Delux. Nach diesen Kategorien vermietet das – bekannt unfreundliche – *Tourist Reception Centre in Srinagar*, wo übrigens ein Scheinchen unterm Tisch aus dem barschest ablehnenden Beamten einen hilfsbereiten Freund fürs Leben macht. Unglücklicherweise – oder doch umgekehrt? – sind wir immer noch in Indien und die beste Art, ein Hausboot zu finden, ist es, sich in einem Shikara herumfahren zu lassen, zu fragen und unabhängig von staatlichen Kategorien Augenschein zu nehmen. Aber auch der freundlichste Vermieter wird erst einmal einen exorbitanten Preis fordern. Handeln gehört zum Vergnügen, so unverzichtbar wie die Luft zum

Erfindung der Briten, heute Touristenunterkunft: das Hausboot

Atmen. Reservierungen: *Manager Reservations, J & K Tourist Development Corporation, Tourist Reception Centre, Srinagar 190 001, Indien, Tel. 761 07*

HOTELS

Oberoi Palace

Atemberaubender Ausblick, riesige Gärten, Bar und Restaurant, ansonsten aber ist der berühmte Oberoi-Luxus in dieser ehemaligen Maharaja-Residenz etwas zerknautschter als anderswo. *Gupkar Road, Tel. 712 41, Kategorie 1*

Shahenshah Palace

Fast ein Hausboot, aber doch auf Land, alles mehr oder minder geschmackvoll mit Holz verkleidet, Gärten und beheizter Swimmingpool, Musikrestaurant. *Boulevard Road, Tel. 713 45, Kategorie 2*

Welcomegroup Nedous

Viktorianische Traditionsabsteige mit Restaurant und Teesalon, große Zimmer, deren Charme unter der Renovierung nicht allzusehr litt. *Maulana Azad Road, Tel. 740 06, Kategorie 2*

AUSKUNFT

Tourist Reception Centre

Sharvani Road, nahe Polo Ground, Tel. 719 21, Mo–Sa 10–18 Uhr

ZIELE IN DER UMGEBUNG

Gulmarg

Durch eine fremdartige Mischung von Reisfeldern, Obstgärten und Nadelwäldern geht es zum 56 km entfernten Gulmarg, einem zu Recht »Blumenwiese« genannten Hochtal auf 2500 m Höhe, in dem geangelt, gewandert, Golf und Tennis gespielt und im Winter Ski gefahren werden kann. Gulmarg war das beliebteste Bergrefugium der Briten, zahlreiche Hotels, Information im *Tourist Reception Centre in Srinagar.*

Pahalgam

Am Fuß des 7000ers, Mount Nukum, knapp 95 km von Srinagar, liegt im Lidder-Tal der Ferienort für Wanderer, Pony-Reiter und Bergsteiger. Kleiner und noch ruhiger als Gulmarg. Information über Bungalows und Hotels ebenfalls in *Srinagar.*

Von Auskunft bis Zoll

Kurzgefaßt finden Sie hier die wichtigsten Adressen und Informationen für Ihre Indienreise

AUSKUNFT

Indisches Fremdenverkehrsbüro
Kaiserstraße 77, 6000 Frankfurt 1, Tel. 069-23 54 23/4

AUSREISE

Steuern: Beim Verlassen des Landes ist die Foreign Travel Tax fällig, 100 Rupees; diesen Restbetrag möglichst abgezählt bereithalten und nicht vorher ausgeben, sonst muß noch einmal umständlich gewechselt werden.
Ticket: Spätestens drei Tage vorher rückbestätigen (Reconfirmation), am besten im Airline-Büro, da keine Computer und große Gefahr der Überbuchung.
Umtauschbelege: Wer länger als 90 Tage in Indien war, muß mit den Umtauschbelegen zu einer Steuerbehörde, um so nachzuweisen, daß er nicht verbotenerweise in Indien Geld verdient hat. Die Behörde stellt ein »Income Tax Clearance Certificate« aus, das bei der Ausreise vorgelegt werden muß.
Zoll: Gegenstände, die bei der Einreise deklariert werden müssen, vorzeigebereit einpacken.

AUTO

Es gibt Leihwagen, aber nicht für Ausländer. Schon wegen des Unfallrisikos und der Versicherungsprobleme ist es ohnehin ratsam, einen Wagen mit Fahrer zu mieten. Bei längeren Fahrten sind dessen Verpflegungs- und Übernachtungskosten im Preis eingerechnet. Autos kommen als »Van«, Kleinbus, »Jeep«, Geländefahrzeuge in den Bergen, »Ambassador« der indische Eigenbau mit oder ohne Air-Conditioner, »Imported Cars«, eben: ausländische Fabrikate, oder »De luxe Coach«, also Limousine. Preis für ein einfaches Fahrzeug mit Chauffeur für 24 Stunden und 200 km, alles inklusive: ca. 250 Mark.

BOTSCHAFTEN – KONSULATE

Indische Botschaft in Deutschland
Adenauerallee 262–264, 5300 Bonn 1, Tel. 0228-5405-0, Fax 0228-5405154

Indische Botschaft in Österreich
Kärtnerring 2, 1015 Wien, Tel. 0222-5058666, Fax 5059219

Indische Botschaft in der Schweiz
Weltpoststr. 17, 3015 Bern, Tel. 031-440193-5

Deutsche Botschaft in Indien
P. O. Box 613, New Delhi 110001, No. 6 Shantipath, Chanakyapuri, New Delhi, Tel. 0091-11-604861, Telex 081-3165670 and in

Deutsche Generalkonsulate
Hoechst House, 10th Floor, Nariman point 193, Backbay Reclamation, Bombay 400021, Tel. 22-232422, 231517 u. 232662
P. O. Box 16711, 1 Hastings Park Road, Alipore, Calcutta 700027, Tel. 33-459142, 454886 u. 289150
P. O. Box 6801, 22 Commander in Chief Road, Madras 600105, Tel. 44-471747, 473542 u. 477637

BUSSE

Für kürzere Strecken empfehlenswert, für längere zu strapaziös. Busse sind oft schneller als die Bahn, meist noch enger besetzt und manchmal nur Lastwagen. Die Fahrer kennen keine Bremsen, wohl aber Hupen. Videos und Musik »unterhalten« – volle Lautstärke – auf langen Strecken in Luxusbussen. Sitzplätze können reserviert werden. Busse fahren übrigens nicht von »Stops« oder »Stations«, sondern von »Stands« ab.

EISENBAHN

Auskunft: Das Heft »Trains at a Glance« an den Zeitungskiosken der großen Bahnhöfe kaufen. Fahrkarten: Verschiedene Schalter für die unterschiedlichen Züge und Zugklassen, durchfragen. Frauen haben es besser: »Ladies Ticket Office« nur für sie. Indrail-Paß: Kann zu Hause gekauft, muß in Hartwährung bezahlt werden, gilt für 7–90 Tage, ist nicht günstiger als Einzelkarten, erspart aber mühseliges Anstehen. Platzreservierungen: Reservation Offices auf den Bahnhöfen und in Stadtbüros, vorher aber Fahrkarte kaufen. Es gibt VIP-Quoten, die nicht immer erfüllt werden, fragen kann Wunder erzeugen. In den Tourist Offices gibt es zudem Touristen-Quoten, dito. Reservierung dauert, lohnt aber. Schlafwagen: siehe Reservierung, wochenlang vorher ausgebucht! Palace-on-Wheels: Im Nostalgie-Expreß der Maharajas durch Rajasthan – Reisebüro daheim, z.B. Indoculture Tours, Stuttgart, 10 Tage VP, inkl. Flug 4990 Mark.

FLUGZEUG

Mit Indian Airlines auf Inlandsflügen. Fluggerät wie in Europa. Flugpreise wie in Amerika zu Zeiten von Preiskriegen. Flugbuchungen wie in Indien: am besten Tage vorher, Reconfirmation vor Rückflügen. Discover India Ticket für 21 Tage in Hartwährung zu zahlen, z.Z. US$ 400. Ansonsten Rabatte für Studenten, Jugendliche, Behinderte und – India Wonderfares – für Jedermann.

GELDWECHSEL

Am besten in großen Hotels, auch wenn man dort nicht wohnt, weil es schneller geht. Sonst bei Banken mit »Change«-Schaltern. Euroschecks vergessen, Indien ist nicht in Europa. Reiseschecks sind gut und sicher, in kleineren Orten aber schwer einzulösen. Kreditkarten werden von großen Hotels und Restaurants angenommen. Es ist ratsam, keine eingerissenen Scheine anzunehmen, man wird sie nicht wieder los. Überdies ist ratsam, stets eine gewisse Zahl kleiner Scheine und Münzen vorrätig zu haben. Eigenartigerweise kann – will – in kleinen Orten niemand auf größere Noten herausgeben.

HOTELS

Zusätzlich zu den von uns genannten Kategorien, die sich im wesentlichen auf die Preise beziehen, hier ein paar Hinweise auf das indische Hotelwesen.

Luxus: Das Wort hat seine Berechtigung, vor allem in Ambiente und Service. Schwere Teppiche und dienstbare Geister zuhauf. Aber nach Mottenkugeln kann es trotzdem riechen, Mehltau am Rande von Swimmingpools wuchert.

Gehobene Klasse: Erwarten Sie, daß alles vorzufinden ist: Fernseher, Telefon, zentrale Klimaanlage oder Air Conditioner im Zimmer. Erwarten Sie aber auch, daß wenig funktioniert: Nur schwarz-weißes Rauschen im Flimmerkasten, kein Ton vom Telefon, dafür gräßliches Quietschen und Klappern der Klimaanlage. Trost: Solche Hotels haben Bars, in denen es tatsächlich alkoholische Getränke gibt.

Mittlere Klasse: Oft nicht zu verachten, weil die freundliche Atmosphäre viele Mängel wettmacht. Mit Glück ist die Klimaanlage ein tatsächlich rotierender Ventilator, das Mobiliar aus Rattan und das angeschlossene Restaurant echt einheimisch.

Untere Klasse: In Städten mangelt es in solchen Häusern an jeglichem Komfort. Auf dem Lande bieten sie Annehmlichkeiten wie warmes Wasser in Eimern und Gärten zum Sitzen.

Unterste Klasse: Schlafsäcke oder Bettwäsche selber mitbringen, kleine Schlösser ebenso, um in den Gruppenschlafsälen die Habe wenigstens optisch etwas zu sichern.

Tourist Bungalows: Eigene Klasse für sich, meist ordentliche, immer staatlich geführte Häuser in abgelegenen Orten mit touristischen Sehenswürdigkeiten oft die sicherste Wahl.

IMPFUNGEN

Für Reisende aus Europa sind keine Impfungen zwingend vorgeschrieben. Wer aber aus einem Gelbfiebergebiet kommt, muß eine Gelbfieberimpfung nachweisen können.

JUGENDHERBERGEN

Mancherorts sind YMCA's und YWCA's oder staatliche indische Jugendherbergen zu finden. Der Name ist keine Garantie dafür, daß sie günstiger oder sauberer als Gemeinschaftsunterkünfte in Billighotels sind.

KLEIDUNG

Ein Europäer mit einem Lendentuch wirkt lächerlich, eine Europäerin im Sari kostümiert. Bestens bedient ist der Reisende mit leichter, nicht zu eng geschnittener Baumwollkleidung. Klimaanlagen und nördliche Breitengrade verlangen zudem nach leichten Pullovern.

KLIMA – REISEZEIT

Südindien liegt in den Tropen, Nordindien in den Subtropen, der hohe Norden in hohen Bergen – drei Hauptklimazonen, in denen wiederum verschiedene Wetter möglich sind. In den hohen Bergen der Südspitze kann es kühl sein. Weit im Norden liegt die Wüste Thar, wo es auch in der kühleren Saison des Nordens noch extrem heiß (nachts aber kalt) ist. Der hohe Norden ist im Winter wegen extremer Schneefälle kaum zu erreichen. Im Sommer aber werden häufig Flüge wegen nicht voraussehbarer Wettereinbrüche gestrichen. Der Monsun setzt normalerweise Anfang Juni im Süden ein, zieht langsam nach Norden, erreicht Delhi Ende Juni, das Wüstenland Rajasthan manchmal gar nicht. Monsunregen sind die große Hoffnung vieler – aber auch ihr Verderben. Ganze Landstriche verwandeln sich in Schlammbäder, Bäche werden zu reißenden Strömen, Tiefland überflutet meterhoch. Überlebensnotwendiges Wasser bringt

Indglish

Wenn sie es überhaupt sprechen, dann sprechen Inder nicht Englisch, sondern Indglish. An den Singsang und den Akzent kann man sich gewöhnen, nach ein paar Tagen in Indien wird man sich fragen, wozu man Oxford in der Schule gelernt hat. Aber einige Adaptionen bedürfen langwierigen Eingewöhnens. Wenn zum Beispiel ein S vor einem Konsonanten steht, fügt der Inder gerne noch ein I vor das S, etwa so: Iscorpion should be on this ispot, its istich is iscarcely negletable. Da bleibt man lieber gleich in seinem Five-Istar-Hotel, greift zur Zeitung, aber liest was? Solches: VP Heads JD-BJP Coalition as PM. Es bedeutet: Vishwanath Pratap Sing, der Vizepräsident, führt eine Koalition der Parteien Janata Dal und Bhartiya Janata als Premier an. Gerne werden auch Worte zusammen gezogen. Sie wollen einen Verantwortlichen sprechen? Bedauernde Antwort: Sorry Sahib, the incharge is out of station. Da kann es Spaß machen, die Anzeigen in der Zeitung zu studieren, während man wartet, vielleicht diese: Alliance invited for Vadoola Visakam, S. S. L. C. 32/162, domestically well trained. Was immer S. S. L. C. meint, Vadoola, 32 Jahre alt und 162 cm groß, sucht keine Allianz, sondern einen Gemahl, sie wurde auch nicht zum Domestiken trainiert, sondern zu Hause gut erzogen.

Busse fahren nicht bei stations, aber bei stands ab. Ein Hotelangestellter fragt nicht nach dem family name, wohl aber nach dem goodname. Taxifahrer laden das Gepäck nicht in den trunk oder das boot, sondern in den dickey. Lunch heißt in Indien tiffin und alle Mahlzeiten sind entweder veg. oder non-veg. Wer es sich leisten kann, der will be sending peon to fetch tiffin from hotel – den Büroboten zum Essenholen in ein Hotel schicken. In ein Hotel? Oft ist das nichts anderes als ein einfaches Restaurant.

Autorikshahs: »Meter price plus ten rupees.«

er, Kühlung nicht unbedingt. Auf dem festen Grund der Städte ist er für Touristen kein Problem, kurz nach den Güssen dampft alles, aber es bleibt warm. Auf und an der See aber kann er gefährliche Stürme und Strömungen erzeugen. Im Oktober lassen die Regengüsse nach, es wird kühler und trockener. Außer in den Himalayaregionen beginnt die beste Reisezeit, ein Winter, der dem europäischen Hochsommer entspricht.

PASS – VISA

Visumsantrag mit 2 Paßbildern, Zahlungsbeleg über Visumgebühr, Bestätigung über Hin- und Rückflugticket bzw. Weiterflug und Paß ans Konsulat schicken oder abgeben. Paß muß noch ein Jahr gültig sein. Abwarten. Es dauert ungefähr zwei Wochen. Touristenvisa gelten für 90 Tage, die Einreise sollte drei Monate nach Ausstellung erfolgt sein. Verlängerung nur aus zwingenden Gründen bei Foreigner's Registration Office in Bombay, Calcutta und Delhi.

POST – TELEFON

Postämter Mo–Fr 10–17 Uhr, Sa 10–13 Uhr. Telefonieren innerhalb Indiens am besten von Hotels aus. Viel Spaß! Die Chancen, irgendwo durchzukommen, sind minimal. Telefonieren ins Ausland geht indes von großen Hotels leicht und kostet nicht viel mehr als in Europa.

REISEAPOTHEKE

Manche werden leicht krank, andere nie, egal, welchen Risiken sie sich aussetzen. In Indien aber, einem heißen Land mit völlig anderen Baktierenkulturen als den gewohnten gilt das nicht unbedingt. Auch der Kerngesunde kann plötzlich mit unerklärbaren Krankheiten daniederliegen. Subjektives Wohl- oder Übelbefinden spielt übrigens eine große Rolle. Also eher weniger Essen, aber mehr Trinken. Mitnehmen: Elektrolyt-Glucosemischung (Rehydriersalz), Durchfallmittel, Sonnenschutzmittel, Spritzen falls Injektionen erforderlich sind, Wundsalbe, Verbandszeug und sowieso jene Mittel, die dauerhaft eingenommen werden müssen, wie Pille oder Diabetikerampullen. Vor der Reise: Impfungen, Malariaprophylaxe – Tropenärzte in Fachkliniken wissen am besten Bescheid.

TRINKGELDER

Jeder erwartet, jeder nimmt sie, auch wenn sie in den Rechnungen von Hotels und Restaurants inbegriffen sind. Marge: 10 Prozent, für einfache Handreichungen zwei bis fünf Rupees.

TAXI

Normal ist die dreirädrige »Autorikshah«. Wenn kein Taxameter im Gang, dann Preis aushandeln. Kurzformel: »I pay meter price plus ten rupees.«

ZEITUNTERSCHIED

Im Winter plus 4,5 Stunden, im Sommer plus 3,5 Stunden.

WETTER IN BOMBAY

Die monatlichen Durchschnittswerte im Überblick

	Jan.	Feb.	März	Apr.	Mai	Juni	Juli	Aug.	Sept.	Okt.	Nov.	Dez.
Tagestemperaturen in °C	28	28	30	32	33	31	30	29	30	32	32	30
Nachttemperaturen in °C	19	20	22	24	27	26	25	24	24	24	23	21
Sonnenschein Std./Tag	9	9	9	9	9	5	3	2	5	8	10	10
Niederschlag Tage/Monat	0	0	0	0	0	16	26	20	14	3	1	0
Wassertemperaturen in °C	25	26	26	27	28	29	28	27	27	27	27	26

Bloß nicht!

Auch in Indien gibt es – wie in allen Reiseländern – Touristenfallen oder Dinge, über die man informiert sein sollte

Geduld

Man glaubt, man wird verstanden. Das Gegenüber antwortet sogar. Es kann ein Trugschluß sein. Gerade weil sie kaum Englisch verstehen, verwenden viele Inder die paar Worte, die sie beherrschen, aus Stolz, um sich keine Blöße zu geben. Darüber die Geduld zu verlieren, hilft überhaupt nicht weiter, sondern erzeugt nur Sturheit. Freundliches Erklären, diskretes Nachfragen, ob alles verstanden wurde und das Problem zum gemeinsamen machen, führt zum Ziel.

Händeschütteln

Es ist höchst unbekannt, höchst lächerlich und überdies unrein, die Hand zu geben. Daran haben auch Jahrhunderte britischer Herrschaft nichts geändert, denn auch Angelsachsen geben einander nur selten die Hand. Wer sie ausstreckt, greift meist ins Leere. Man begrüßt sich, indem man die Hände wie zum Gebet vor der Brust zusammenlegt.

Einmischen

Inder streiten laut und heftig über alles mögliche. Unter der Decke des Bundesstaats verbergen sich scharfe religiöse, kulturelle und nationale Differenzen. Aber wenn zwei sich streiten, freut sich nicht unbedingt der Dritte. Eher passiert es, daß die Kontrahenten sich gemeinsam gegen den fremden Einmischer wenden.

Koffer

Koffer sind schön und Träger gibt es überall. Aber in Indien werden Busse und Bahnen gnadenlos beladen. Es wird geschoben und gedrückt, gezerrt und verschnürt – bis der Koffer platzt. Reißfeste Taschen sind da praktischer.

Kopfstreicheln

Ach, wie niedlich, die lieben Kleinen! Braune Haut, große Kulleraugen, treuherzige Gesichtszüge. Wer will einem solchen Kerlchen nicht einmal über den Kopf streicheln? Bloß nicht! Vielen Indern gelten Kinder generell als noch »erleuchtet« und deren Köpfe als heilig. Und das Berühren von Heiligtümern ist verboten. Wer kann schon wissen, ob die kleine Rotznase da einer so denkenden Religion angehört?

Nackt baden

Für die Hippies in Goa war es das höchste, wow, das Rauschen der Wellen, der Joint, Tantra und all das nackt am Strand. Manche tun es immer noch. Aber »Nudism« ist längst verboten. Polizisten in Zivil kontrollieren die Strände.

Fotografieren

Die Farben sind grell, die Motive bizarr, die Gelegenheiten vielfältig. Aber nicht alle dürfen abgelichtet werden, Heiligtümer der Hindus etwa, verbrennende Leichen und antike Fresken.

Rülpsen und Spucken

Pardon, falsche Rubrik, das ist erlaubt: herzhaft nach dem Essen aufzustoßen, laut hörbare Reinigung des Rachenraums nach dem Aufstehen etwa im Liegewagen, der rote Strahl des Betelnußsaftes, Wasserlassen in aller Öffentlichkeit und vieles mehr. Verwunderung erregt nur der, der sich darüber erregt.

Schlepper

Ein Halb-und-Halb-Bloß-Nicht: Nicht jeder Schlepper ist ein Nepper; nicht jeder offizielle »Guide« weiß wovon er redet. Überall drängen sich Führer auf, manche mit Abzeichen, andere mit Ausweisen. Sind sie nun zugelassen oder nicht? Ist das geforderte Honorar reell oder absurd? Es wird noch viel Wasser den Ganges hinabfließen, bevor hier Klarheit herrscht.

Schuhe anlassen

Kurz und bündig: Schuhe sind unrein, für Moslems wie für Hindus. Vor Moschee und Tempel müssen sie abgestreift werden.

Zu viel Trinkgeld

Eine wahre Geschichte: Ein Journalist mietete sich in einem teuren Hotel in Delhi ein. Er mußte arbeiten, wollte Ruhe haben. Also gab er dem Etagensteward ein großzügig bemessenes Trinkgeld, in der Hoffnung, daß dieser nun nicht mehr mit der Frage nach weiteren Wünschen störe. Das Gegenteil trat ein. Alle paar Minuten klopfte es: »Do you need anything?« Sogar als der Reporter auf der Toilette saß, kam der Steward herein und wischte in aller Seelenruhe das Bad auf. Er erwartete: mehr Trinkgeld.

Affentheater

In dem großen Hindu-Epos Ramayana wird die Göttin Sita im Auftrag des großen Rama vom heldenhaften Affengott Hanuman befreit. Nachdem Hanuman die Göttin aus den Klauen des schrecklichen Ravana erlöst hatte, wurde er unsterblich. Aber er war auch ein Schelm. Da er fliegen konnte, stieg er zur Sonne hinauf, die er für eine köstliche Frucht hielt. Ein Blitz traf ihn, bevor er zugreifen konnte. Seither glauben viele Inder, wer Früchte stiehlt, wird im nächsten Leben als Affe wiedergeboren. Es muß viele Obstdiebe geben. Am liebsten halten sich ganze Affenhorden in den ausladenden Zweigen der Banyan-Bäume auf. Und da diese auch schöne schattige Plätze zum Ausruhen abgeben, kann es leicht passieren, daß es von oben auf einen hinabrieselt – nicht etwa Regen, sondern Affenurin. Denn die kleinen Hanumans pieseln, wenn sie erschrecken.

Was bekomme ich für mein Geld?

Indien ist das Land einer unendlich komplizierten Bürokratie, auch in Geldangelegenheiten. Außerdem ist das Land von einer Inflation geplagt, die zeitweilig 50 Prozent im Jahr ausmacht. Daher sind Devisen unerläßlich. Dollars und D-Mark werden vielerorts bevorzugt. Aber ihre Einfuhr muß bei der Einreise deklariert und bestätigt werden. Beim Umtausch muß auch dieser bestätigt werden, um später rücktauschen zu können und um nachweisen zu können, daß die Rupees legal erworben wurden, wenn es gilt, solche Dinge wie Flugtickets zu kaufen, für die (indirekt) Hartwährung genommen werden.

Nicht jede Bank wechselt Geld, wenn doch, dann am »Change«-Schalter. In den internationalen Hotels geht es schneller. Kreditkarten und sogar Reiseschecks werden in kleineren Orten kaum akzeptiert.

Niemand nimmt angerissene Scheine an, auch nicht westliche. Der Gedanke, sich Geld nachschikken zu lassen, sollte verworfen werden, sogar telegrafisch dauert es ewig.

Rupees kommen in Noten: 1, 2, 5, 10, 20, 50 100 und 500. Eine Rupie hat 100 Paise, Münzen praktisch ohne Wert.

Aber alles ist unwahrscheinlich billig, die Tasse Tee eine halbe Rupie, 21 Tage unbegrenzte Flüge mit Indian Airways US$ 400.

DM	NR	NR	DM
1	18,87	1	0,05
2	37,74	5	0,27
3	56,60	10	0,53
4	75,47	20	1,06
5	94,34	30	1,59
10	188,67	40	2,12
20	377,36	50	2,65
30	566,04	75	3,98
40	754,72	100	5,30
50	943,40	200	10,60
75	1.415,10	300	15,90
100	1.886,80	400	21,20
200	3.773,58	500	26,50
300	5.660,38	600	31,60
400	7.547,17	700	37,10
500	9.433,96	800	42,40
750	14.150,94	900	47,70
1.000	18.867,92	1.000	53,00
2.500	47.169,81	2.500	132,50
5.000	94.339,62	5.000	265.00
10.000	188.679,25	10.000	530,00
20.000	377.358,49	20.000	1.060,00

Ein »Super Mass Schneider« in Goa – in Indien indes gilt besonders: nicht alles, was glänzt, ist Gold

In diesem Register sind alle in diesem Führer erwähnten Orte verzeichnet

Taškent
Namangan
Andižan
KYRGYZSTAN
Kokand
Oš
Aksu
Xinjiang Uygur Zizhiqu
(Sinkiang)
Lop Nur
Anxi
Dunhuang
TADŽIKISTAN
pik Kommunizma
Dušanbe
Kashi
Kongur Shan
Shache
Tarim Pendi
Taklimakan Shamo
Qiemo
Xorkol
Pamir
Feyzābād
Khunjerab Pass
Hotan
Altun Shan
Qaidam Pendi
Golmud
Muztag
AFGHĀNISTĀN
Baghlān
Hindū Kush
Gilgit
K2 (Mt. Godwin Austen)
Karakoram
Kunlun Shan
ZHONGHUA RENMIN GONGHEGUO
(CHINA)
Qing Zang Gaoyuan
Tanggula Shan
Kabul
Nanga Parbat
Jammu and Kashmīr
Islāmābād
Srīnagar
Leh
Pashāwar
Rāwalpindi
Gujrānwāla
Jammu
Amritsar
Xizang Zizhiqu
(Tibet)
Gar
Gangdisê Shan
Nu Jiang (Salween)
Nagqu
Faisalābād
PĀKISTĀN
Lāhaur
Multān
Ambala
Nanda Devi
Barga
Nyainqêntanglha Shan
Namjabarwa Feng
Lhasa
Xigazê
Meerut
Dehli
New Delhi
Dhaulagiri
NEPĀL
HIMĀLAYA
Qomolangma Feng (Mt. Everest)
Yarlung Zangbo
Sindh (Indus)
Thar Desert
Bikaner
Sukkhur
Bareilly
Lucknow
Katmāndu
Sikkim
DRUGYUL (BHUTAN)
Thimbu
Dibrugarh
Jaipur
Agra
Gangā
Gorakhpur
Siliguri
Brahmaputra
Jodhpur
Ajmer
Kanpur
Patna
Gauhati
Hyderābād
Udaipur
Kota
Jhānsi
Allahabad
Vārānasi (Benares)
Gangā
Bihar
BANGLADESH
Imphāl
Rann of Kachchh
Ranchi
Dhaka
BHĀRAT
(INDIA)
Ahmadābād
Kandla
Indore
Bhopāl
Jabalpur
Jamshedpur
Haora
Calcutta
Chattagram
Mandalay
Pagan
Jāmnagar
Rājkot
Vadodara
Surat
Nāgpur
Raipur
Cuttack
MYANMAR (BURMA)
Sittwe
Verāval
Nāsik
Jālgaon
Nizāmābād
Mumbai (Bombay)
Pune
Godāvari
Berhampur
Eastern Ghats
Western Ghats
Irrawaddy
Pyinmana
Hyderābād
Vishākhapatnam
Yangon (Rangoon)
Pegu
Solāpur
Kākināda
Vijayawāda
Bay of Bengal
Puthein
Kolhāpur
Hubli
Kurnool
Guntur
Panaji
Nellore
Andaman Sea
Madras
Mangalore
Bangalore
Vellore
Andamān Is. (India)
Salem
Port Blair
Calicut
Lakshadweep (Laccadive Is.) (India)
Coimbatore
Tiruchchirāppalli
Cochin
Yāpanaya (Jaffna)
Madurai
Trincomalee
Minicoy I.
Trivandrum
Cape Comorin
Kandy
SRĪ LANKA (CEYLON)
Nicobar Is. (India)
Great Nicobar
Kolamba (Colombo)
Galle
MALDIVES
Banda Aceh
Male
Ari Atoll
INDIAN OCEAN
P. Simeulue
Suvadiva Atoll
Addu Atoll
Gan
Salomon Is.
Chagos Archipelago (Gr. Br.)
Diego Garcia I.
500 km
300 miles